ओरिजिनल इंटेलिजेंस

(मौलिक बुद्धिमत्ता)

ओरिजिनल इंटेलिजेंस

(मौलिक बुद्धिमत्ता)

रमेश कुमार कृष्नानी

Sarvatra

An imprint of Manjul Publishing House

Sarvatra
An imprint of Manjul Publishing House

◆ द्वितीय तल, उषा प्रीत कॉम्प्लेक्स,
42 मालवीय नगर, भोपाल-462 003
◆ सी-16, सेक्टर 3, नोएडा, उत्तर प्रदेश, 201301
वेबसाइट : www.manjulindia.com

यह संस्करण 2025 में पहली बार प्रकाशित

ओरिजिनल इंटेलिजेंस

ISBN 978-93-7317-740-3

रमेश कुमार कृष्नानी इस पुस्तक के
लेखक होने की नैतिक ज़िम्मेदारी वहन करते हैं

मुद्रण व जिल्दसाज़ी : रेप्रो इंडिया लिमिटेड

आवरण चित्र : अडोब स्टॉक

अनुक्रम

ओरिजिनल इंटेलिजेंस

परिचय

यह पुस्तक मैं मानव जीवनचर्या पर लिख रहा हूँ। मानव अपने स्वभाववश कैसे जीवन यापन कर रहा है–उसकी आदतें, खान-पान, रहन-सहन, हर क्षेत्र में उसका व्यवहार, और किस प्रकार उसे जीना चाहिए–ताकि बहुमूल्य जीवन व्यर्थ न जाए।

यह पुस्तक किसी देश, समाज, धर्म, ज्ञान, विज्ञान, खेलकूद, मनोरंजन, व्यापार, नौकरी, स्कूल, कॉलेज, विश्वविद्यालय या किसी व्यक्ति विशेष के लिए सीमित नहीं है, न ही विशेष रूप से किसी एक पर केंद्रित है। यह पुस्तक सम्पूर्ण पृथ्वी एवं उस पर रहने वाले जीव-जंतुओं, प्राणियों एवं मनुष्यों के लिए है, जो इस ग्रह पर रहते हैं और जीवन से मरण तक संघर्ष करते हैं।

हम इस पृथ्वी से आगे बढ़कर ब्रह्माण्ड और अन्य ग्रहों, तारों, उल्कापिंडों, आकाशगंगाओं तक भी जा सकते थे, परन्तु वहाँ अभी मनुष्य विज्ञान के द्वारा खोज कर रहा है। ना ही हमें वहाँ किसी जीव या जीवनचर्या की सटीक जानकारी है। हम पृथ्वी और उस पर रहने वाले प्राणियों के बारे में जानते और समझते हैं, इसलिए फिलहाल हम अपनी पृथ्वी तक ही सीमित हैं – तो हम इसी के बारे में बात करेंगे।

यह पुस्तक मैं अपनी अब तक की आयु के अनुभवों, जीवनचर्या, आँखों देखी घटनाओं और बौद्धिक क्षमता के आधार पर लिख रहा हूँ।

आजकल **आर्टिफ़िशियल इंटेलिजेंस** (कृत्रिम बुद्धिमत्ता) का दौर है, लेकिन मैं यहाँ बात करूँगा **ओरिजिनल इंटेलिजेंस** (मौलिक बुद्धिमत्ता) की – जो बिलकुल मौलिक है और मनुष्य के मूल स्वभाव से जुड़ी है।

दुनिया में हम तकनीक में चाहे जितने भी 'आर्टिफ़िशियल' हो जाएँ, लेकिन ईश्वर ने यह दुनिया, यह पृथ्वी, जीव-जंतु और मनुष्य बनाए हैं – ये सब 'ओरिजिनल' हैं। इन्हें कोई मनुष्य नहीं बना सकता।

हाँ, ज्ञान-विज्ञान और शोध के माध्यम से मनुष्य कुछ विकसित कर सकता है या शरीर का कोई अंग ठीक कर सकता है, पर पूरा जीता-जागता मनुष्य नहीं बना सकता। यह मूल रूप से बनाई गई ईश्वर की रचना है, जिसे उसने स्त्री–पुरुष, नर–मादा, मेल–फीमेल के रूप में बनाया; और उन्हीं के मेल से इंसान तथा अन्य जीवों की उत्पत्ति हुई।

वर्तमान दौर और जीवन जीने की परिस्थितियों को केंद्र में रखते हुए, मैं अपने विचार और सुझाव रखूँगा। इसमें हम कई वास्तविक और कुछ काल्पनिक उदाहरणों, तर्कों और निष्कर्षों की बात करेंगे। यह मेरे व्यक्तिगत विचारों तथा अब तक के अनुभवों का निचोड़ है। वे सही या ग़लत, अच्छे या ख़राब भी हो सकते हैं – आप उन्हें किस प्रकार समझते हैं, यह आपके विवेक पर निर्भर करता है।

आगे पुस्तक में आप जिस भी पड़ाव या विषय को पढ़ेंगे, तभी निर्णय कर पाएँगे कि वह वास्तविक जीवन में उपयुक्त है या नहीं। यह पुस्तक छोटे बच्चों से लेकर युवा वर्ग, मध्यम आयु वर्ग, बड़े-बुज़ुर्गों, स्त्री–पुरुष – सभी के लिए है। आगे जिन विषयों पर मैं बात करूँगा, उनसे कई लोग मुझसे सहमत होंगे, कुछ असहमत होंगे, कोई मेरी निंदा भी कर सकता है, कोई आलोचना भी कर सकता है। परन्तु यदि मेरे दिए गए तर्कों या विचारों को कोई एक मनुष्य भी अपने वास्तविक जीवन में उतारता है, या कोई भी इन्हें अपने जीवन में एक प्रतिशत भी लागू करता है – तो उसके जीवन में बदलाव अवश्य आएगा। और मुझे ख़ुशी एवं संतोष मिलेगा कि मैं किसी एक व्यक्ति या उसके जीवन के एक प्रतिशत भाग को भी सही दिशा में ला सका।

तो आइए, हम सब मिलकर **मनुष्य की ओरिजिनल इंटेलिजेंस**, यानी **मौलिक बुद्धिमत्ता** की बात करें – कुछ महत्वपूर्ण बिंदुओं के साथ।

1

पृथ्वी

अनंत ब्रह्माण्ड के अंतर्गत एक सूक्ष्म-सा गोला है पृथ्वी। सूक्ष्म इसलिए, जैसे एक बड़े से पर्वत का एक छोटा-सा कंकड़। इतना सूक्ष्म कि सूर्य उससे 109 गुना बड़ा है। यही सूर्य हमारी पृथ्वी को आवश्यक ऊर्जा देता है, पृथ्वी पर रहने वाले जीवों का जीवनदाता है – यानी यह पृथ्वी का रक्षक भी है।

ज़रा सोचिए, यदि सूर्य पृथ्वी के ज़रा भी नज़दीक आ जाए या उस पर गिर जाए, तो क्या पृथ्वी जीवित बच पाएगी? जलकर भस्म हो जाएगी।

ठीक ऐसे ही ब्रह्माण्ड रूपी पहाड़ पर एक बड़ा-सा पत्थर सूर्य है, जो एक पर्याप्त दूरी पर स्थित कंकड़नुमा पृथ्वी को सुरक्षित रखते हुए अपनी ऊर्जा और प्रकाश लगातार दे रहा है।

यही पृथ्वी हमारा घर है, जिसे ईश्वर ने हमारे लिए बनाया है। हमारे रहने और जीने लायक पर्याप्त साधन-संसाधन दिए हैं। पृथ्वी की गोद में बैठे हुए यदि हम ध्यान से देखें, तो यह कितनी खूबसूरत है – विशाल समंदर, नदियाँ-पहाड़, पेड़-पौधे, फल-फूल, औषधियाँ, जल, वायु, ऑक्सीजन... क्या कुछ नहीं दिया है! वैज्ञानिक शोध के अनुसार, ये सब करोड़ों वर्षों से पृथ्वी पर मौजूद हैं।

इसके बाद अस्तित्व में आए प्राणी, जीव-जंतु और मनुष्य – जो यहाँ रहते हैं, साँस लेते हैं और पृथ्वी पर उपलब्ध संसाधनों का उपयोग कर अपना

जीवन बिताते हैं। परन्तु इसे व्यवस्थित रूप से चलाने की ज़िम्मेदारी भी हम प्राणियों, जीव-जंतुओं और विशेष रूप से इंसानों की है।

आज छोटे-बड़े जीवों से लेकर विशाल जानवर तक अपनी ज़िम्मेदारी निभा रहे हैं, किन्तु इंसान केवल इसका दोहन कर रहा है। जबकि ईश्वर ने उसे बहुमूल्य दिमाग और सोचने-समझने की शक्ति दी है, फिर भी वह अपने घर – अर्थात पृथ्वी – को खोखला कर रहा है।

इसे कचरे और प्रदूषण का ग्रह बना रखा है, यह जानते हुए भी कि इससे उसका और उसकी आने वाली पीढ़ियों का जीवन समाप्त हो जाएगा। आज पृथ्वी पर रहने वाले लगभग 0.00001% मनुष्य ही होंगे जो पृथ्वी और प्रकृति का सम्मान करते हैं और उसकी रक्षा एवं सुचारु व्यवस्था के लिए आवश्यक कदम उठाते हैं। अन्यथा लगभग सभी देशों की सरकारें भी अपना आर्थिक लाभ देखकर पर्यावरण की रक्षा का दिखावा मात्र कर रही हैं।

संयुक्त राष्ट्र संघ में आज 193 सदस्य देश हैं, जिसकी स्थापना ही पृथ्वी पर मौजूद देशों की सुरक्षा और सुचारु व्यवस्था के लिए की गई थी। परन्तु सभी जानते हैं कि यह संस्था आज पृथ्वी और पर्यावरण को बचाने के लिए कितनी सतर्क है और कितने प्रयास कर रही है। आज कई देश अपने स्वहित, आर्थिक लाभ, व्यापार और खुद को शक्तिशाली दिखाने की होड़ में आपस में युद्ध लड़ रहे हैं, अंतर्राष्ट्रीय कानूनों को तोड़ रहे हैं, एक-दूसरे के विरुद्ध षड्यंत्र रच रहे हैं। वे इन सब में अरबों डॉलर ख़र्च कर रहे हैं, पर यही पैसे पर्यावरण को बचाने में ख़र्च नहीं करते। यद्यपि पृथ्वी को दूषित करना यदि बंद कर दिया जाए, तो वह स्वयं स्वच्छ हो जाएगी। उस पर एक पैसा भी ख़र्च करने की आवश्यकता नहीं होगी।

प्रकृति का एक नियम है – आप उसे जैसा देंगे, वह वापस आपको वही लौटाएगी। और यह हम मनुष्यों को तय करना है कि हम प्रकृति को क्या दे सकते हैं, ताकि वही हमारी भावी पीढ़ियों को लौटकर मिले।यह दुनिया 'गिव एंड टेक' पर ही टिकी है – सम्मान के बदले सम्मान और अपमान के बदले अपमान ही मिलेगा।

आज यह पृथ्वी हमें क्या-कुछ नहीं दे रही – स्वच्छ जल, वायु, प्राकृतिक वातावरण, सर्दी-गर्मी, बारिश, प्राकृतिक संसाधन, रत्न-भंडार,

बहुमूल्य गैसें, धातुएँ, तेल, ईंधन, कोयला, खाद्य पदार्थ, दवाइयाँ और भी बहुत कुछ!

लेकिन हम बदले में क्या दे रहे हैं – कचरे का ढेर, एटमी हथियार, परमाणु बम, जानलेवा केमिकल्स, इंसान द्वारा निर्मित वायरस आदि-आदि। जबकि ये सब मनुष्य और जीवों के लिए ही नुकसानदायक हैं। इससे हमारा जीवन ही ख़त्म होगा। परन्तु मन में जो लालच भरा है, हम उसी की पूर्ति किए जा रहे हैं।

आज दुनियाभर में समुद्री तूफान, बड़े-बड़े ज्वालामुखी, पहाड़ों का गिरना, जंगलों में आग, सुनामी, भूकंप, ग्लेशियरों का पिघलना, जलवायु दूषित होना, अतिवर्षा, पृथ्वी का तापमान बढ़ते जाना – ये सभी जिन्हें हम 'प्राकृतिक आपदाएँ' कहते हैं, वास्तव में ये आपदाएँ प्रकृति द्वारा नहीं, इंसानों द्वारा निर्मित हैं।

आज गर्मी से बचने के लिए हर कोई ए.सी. (एयर कंडीशनर) का इस्तेमाल कर रहा है। ए.सी. की बिक्री कई गुना बढ़ चुकी है। लेकिन इंसान यह नहीं सोच रहा कि ए.सी. का जितना ज़्यादा उपयोग होगा, बिजली की खपत उतनी ही अधिक होगी। ए.सी. जो गर्म हवा और गैस बाहर छोड़ता है, उससे वातावरण में गर्मी और अधिक बढ़ेगी – कम नहीं होगी। गर्मियों में ए.सी. कमरे में बैठने वाले कभी बाहर निकलकर उसके 'आउटर यूनिट' के सामने पाँच मिनट भी खड़े नहीं रह पाएँगे। चाहें तो करके देख लें – पता चल जाएगा कि वह कितनी गर्म हवा और दूषित गैस छोड़ता है!

ईश्वर ने हमारे लिए तीन मौसम बनाए हैं – सर्दी, गर्मी और बारिश – ताकि हम हर मौसम का आनंद ले पाएं, उसके महत्त्व को समझें, उसके उपयोग को जानें तथा उसका संतुलन बनाए रखें। क्या पृथ्वी पर ऐसा कोई मनुष्य, महान वैज्ञानिक या उनका समूह है, जो सर्दियों में पड़ रही भयंकर ठंड को कहीं स्टोर करके रख सके और गर्मियों में उसका उपयोग कर सके, या गर्मियों में पड़ रही भीषण गर्मी को स्टोर करके रख सके और सर्दियों में उसका उपयोग कर सके?

मानव जाति में ऐसा आज तक कोई न हुआ है, न होगा। मनुष्य ईश्वरीय शक्ति और कुदरत के सामने कुछ भी नहीं। मनुष्य-शरीर का अस्तित्व ही

जल, वायु, अग्नि, आकाश और धरती से है; इनके बिना जीवन की कल्पना भी नहीं की जा सकती। केवल वर्षा का पानी है जिसे हम स्टोर कर सकते हैं, परंतु उसका भी उचित प्रबंधन हमारे पास नहीं है। यही कारण है कि आज प्लास्टिक की बोतलों में पानी बिक रहा है।

मनुष्य ने कृत्रिम बुद्धिमत्ता (आर्टिफ़िशियल इंटेलिजेंस) बनाई, जिससे वह कई काम आसानी से कर रहा है। लेकिन क्या वह इसी AI द्वारा सर्दी और गर्मी को कम कर सकता है? कतई नहीं। AI की भी एक सीमा है; यह AI भी पृथ्वी के AQI(एयर क्वालिटी इंडेक्स) को ठीक नहीं कर सकता। इस AQI को केवल हम मनुष्य ही ठीक कर सकते हैं। एक मशहूर कहावत है – "आवश्यकता ही आविष्कार की जननी है।" उसी प्रकार, मेरे विचार में – "अतिसुविधा ही विनाश की जननी है।"

इस विषय पर मैं जितना लिखना चाहूं, जितना समझाना चाहूं, उतना कम है। मस्तिष्क में इतना कुछ है कि मैं कई ग्रंथ लिख सकता हूं, लेकिन विचार समाप्त नहीं होंगे। मैं जितना और जिन आसान शब्दों में लिख सकता था, वो लिख रहा हूं। उद्देश्य केवल इतना है कि इस पृथ्वी और प्रकृति की रक्षा करना, देखभाल करना – यह हमारे पैसों से ज़्यादा कीमती है। जिस प्रकार मनुष्य अपने पैसों की देखभाल करता है, उसी नीयत से वह पृथ्वी का भी ख्याल रख सकता है। अब यह हम मनुष्यों पर निर्भर करता है कि हम अपनी मूल बुद्धिमत्ता (ओरिजिनल इंटेलिजेंस) से क्या-क्या कर सकते हैं।

तो पहले भाग में 'पृथ्वी' का परिचय और विषय इसलिए था कि हमारे जीवन की शुरुआत ही इसी पर टिकी है। इसलिए हर मनुष्य तय करे कि वह आज से ही अपना क्या और कितना योगदान दे रहा है। जितना फ़र्क अधिक पेड़ लगाने से पड़ेगा, उतना ही फ़र्क एक भी पेड़ न काटने से पड़ेगा। तो समझदारी हमारी... भविष्य हमारा।

प्रकृति का महत्त्व समझाने के लिए, प्रकृति पर एक कविता लिख रहा हूं, जिसका शीर्षक है – 'प्रकृति हूं मैं'।

प्रकृति हूँ मैं

ईश्वर का दिया अनमोल तोहफ़ा, प्रकृति हूँ मैं
जीव और मनुष्य की जीवन-दायिनी–प्रकृति हूँ मैं

धरती, आकाश, वायु, जल, अग्नि हूँ मैं
झरने, पर्वत, झीलें, नदियां, सागर हूँ मैं
अपनी गोद में समाती सारी दुनिया हूँ मैं–प्रकृति हूँ मैं

पेड़-पौधों, फल-फूल, औषधियों से भरपूर हूँ मैं
गर्म सूर्य से ऊर्जा देती,
बारिश की बौछार, सर्दियों की सुनहरी धूप हूँ मैं
प्राकृतिक संसाधनों से भरपूर हूँ मैं–प्रकृति हूँ मैं

मेरा दोहन करते हो, इसलिए भूकंप, सूखा,
ज्वालामुखी और बवंडर का रौद्र रूप हूँ मैं–हाँ, प्रकृति हूँ मैं

अपने स्वार्थ के लिए जो तुम मेरी छाती चीरोगे,
अपनी पीढ़ियों के जीवन हेतु मेरे समक्ष नाक रगड़ोगे
मुझे जितना देते हो, उससे दोगुना मुझसे छीनते हो
मेरी दी हुई साँसों का क़र्ज़ तुम कभी न चुका पाओगे

जीव-जंतुओं ने मेरे संग रहना सीख लिया
इंसान, तुम कब सीखोगे
मेरा हृदय तोड़ कर कब तक ज़िंदा रह पाओगे

अपनी तरक़्क़ी की आड़ में तुमने दिया प्रदूषण
वक़्त रहते सुधर जाओ, वरना परिणाम होंगे भीषण

तुम्हारा सौतेला व्यवहार देखकर
हर पल रोती, बिलखती हूँ मैं

तुम्हारी माँ तो नहीं, पर माँ से कम भी नहीं हूँ मैं–
प्रकृति हूँ मैं... प्रकृति हूँ मैं

2

जीवन और जन्म

जीवन क्या है? हमारा जन्म हुआ, हमें एक नया जीवन मिला। आज मैं यह पुस्तक लिख रहा हूँ क्योंकि मैं जीवित हूँ, और आप यह पुस्तक पढ़ रहे हैं क्योंकि आप जीवित हैं। मनुष्य हो या कोई पशु-पक्षी या अन्य जानवर, सभी का जीवन बहुमूल्य है।

पुराणों में लिखा है कि 84 लाख योनियाँ हैं, जिनमें समुद्री जीव, पृथ्वी पर रहने वाले जानवर, छोटे-बड़े कीड़े-मकोड़े, कीट-पतंगे, आकाश में उड़ने वाले पक्षी, पेड़-पौधे, फल-फूल तथा मनुष्य – सभी में जीवन है, जो साँस लेते हैं। आज तक वैज्ञानिक भी लाखों जीवित प्रजातियों का पता लगा चुके हैं, परन्तु 84 लाख तक नहीं पहुँच पाए हैं। इसका अर्थ है कि हमारे पुराणों में जो लिखा है, वह सही है।

ज़रा सोचिए, ईश्वर ने हमें कितना बड़ा वरदान दिया है कि 83,99,999 योनियों को छोड़कर हमें मनुष्य योनि में जन्म दिया है। हम कितने भाग्यशाली हैं कि हमें वह जीवन मिला, जिसमें हम सोच सकते हैं, समझ सकते हैं, एक-दूसरे से बात कर सकते हैं, हँस सकते हैं, रो सकते हैं और अपनी भावनाएँ व्यक्त कर सकते हैं। इसके विपरीत, क्या आपने किसी जानवर, पक्षी या कीड़े-मकोड़े को आपस में बातें करते, हँसते या रोते देखा है? या कोई दिमाग़ वाला काम करते देखा है? नहीं! क्योंकि ईश्वर ने ये सुपर पावर्स केवल हमें दी हैं। इसलिए सबसे पहले, उस ईश्वर को धन्यवाद दीजिए (जिसे भी आप मानते हैं) कि हमें मानव जीवन दिया।

आज हम सकुशल हैं, हमारा दिमाग़, शरीर के आंतरिक अंग, आँखें, कान, नाक, हाथ-पैर सब सही-सलामत हैं, तो हम ईश्वर के ऋणी हैं। लेकिन एक मज़े की बात बताऊँ – कुछ नकारात्मक मनुष्य ज़रूर कहेंगे कि दुःख, दर्द और तकलीफ़ें भी तो हम इंसानों को ही मिलती हैं। पर सच यह है कि इंसानों के दुःख का कारण केवल इंसान स्वयं होता है। दुःख को कोई अन्य जीव इसलिए महसूस नहीं कर पाता क्योंकि उनमें हमारी तरह भावनाएँ नहीं होतीं।

जहाँ तक दर्द और तकलीफ़ का सवाल है, वह अन्य जीवों को भी होती है – जब उन्हें कोई चोट लगती है, कोई इंसान मार देता है, या आपसी संघर्ष में घायल हो जाते हैं। यह शारीरिक पीड़ा सभी जीवों में समान है। फ़र्क केवल सोच का है। मनुष्य यह भूल जाता है कि उसे सुख नाम का भी एक फल मिला है। वह सुख की अनुभूति करता है, उसे महसूस कर सकता है, उसका आनंद उठा सकता है, और सुख के समय प्रसन्न रहता है। जबकि अन्य जीव सुख की अनुभूति वैसे नहीं कर सकते।

जीवन के बारे में कहने का तात्पर्य यही है कि जीवन किसी भी जीव का हो, जन्म किसी भी योनि में हुआ हो, प्राण तो सबमें हैं। इसलिए सभी का जीवन समान होना चाहिए, और जीने का अधिकार सभी को मिलना चाहिए।

लेकिन पृथ्वी पर इसमें बड़ी असमानता है। मनुष्य, जिसके पास दिमाग़ है और जो सही-ग़लत जानता है, फिर भी अपने स्वाद, व्यापार, मनोरंजन या आर्थिक लाभ के लिए जानवरों का जीवन छीन लेता है – उन्हें मारता है, काटता है और निजी फ़ायदे के लिए उनका उपयोग करता है। जबकि मनुष्य के पास शाकाहारी आहार के कई विकल्प मौजूद हैं, जो तन और मन को शुद्ध रखते हैं।

यहाँ बड़ा भेदभाव है – मनुष्य का जीवन मूल्यवान है, लेकिन अन्य जीवों का जीवन मानो मूल्यहीन। ज़रा सोचिए, मनुष्य के शरीर में कहीं भी छोटी-सी चोट लग जाए तो उसे कितनी तकलीफ़ होती है, और वह तुरंत उपचार ढूँढ़ता है। लेकिन वही मनुष्य, जानवर को मारकर खाने से पहले एक पल भी नहीं सोचता।

याद रखिए, जीवन की सच्ची कमाई किसी को मारने में नहीं, बल्कि नया जीवन देने में है।

जानवरों का तो प्राकृतिक स्वभाव ही ऐसा है कि शाकाहारी जानवर स्वयं ही अपना भोजन प्रकृति से ले लेते हैं, और मांसाहारी जानवर शिकार या आपसी संघर्ष से अपना पेट भरते हैं। फिर भी वे इंसानों से दूर ही रहते हैं, उन्हें मारते नहीं। कोई छोटा जीव कीड़े-मकोड़े और चीटियों को खाकर अपना पेट भरता है, और जब वही जीव मरता है, तो लाखों छोटी-छोटी चींटियाँ मिलकर उसे खाती हैं।

इसी प्रकार, समुद्र में बड़ी मछली छोटी मछलियों को खाकर अपना पेट भरती है, और बड़ी मछली के मरने पर छोटी मछलियाँ मिलकर उसे खाती हैं। यही उनका जीवन-चक्र है, और यही जानवर प्रकृति तथा हमारे जीवन का संतुलन बनाए रखते हैं। ये हमारे बिना जीवित रह सकते हैं – बल्कि करोड़ों वर्षों से रह रहे हैं – लेकिन इनके बिना मनुष्य अपने जीवन की कल्पना भी नहीं कर सकता।

बचपन में हम सभी ने स्कूली विज्ञान में पढ़ा होगा कि जानवरों और जीव-जंतुओं से ही पृथ्वी, जंगल और प्रकृति का संचालन होता है। लेकिन वर्तमान में कई जंगली जानवर विलुप्ति की कगार पर हैं। आज यदि उन्हें नहीं बचाया गया, तो विनाश तय है। हम इनको बिना कोई हानि पहुँचाए भी अरबों-खरबों रुपये कमा सकते हैं–बल्कि कमा रहे हैं।

ध्यान से सोचिए, इन जानवरों के बिना हमारे छोटे बच्चों की कहानियाँ कितनी अधूरी होंगी। बच्चों की कहानियों में शेर, हाथी, बंदर, साँप, बिच्छू, लोमड़ी और हर तरह के जानवरों के चरित्र होते हैं–चाहे वह किताबों में हों, फिल्मों में, कहानियों में, वीडियो गेम में, कार्टून में–किसी भी तरह के मनोरंजन के साधन में।

दुनिया के हर घर में, हर बच्चे के पास किसी न किसी जानवर का खिलौना अवश्य होता है। जानवरों के सॉफ्ट टॉयज़ का कितना बड़ा बाज़ार है! उनकी दीवार पेंटिंग्स, बड़े-बड़े सिरैमिक पीस से घरों को सजाया जाता है। बैटरी और रिमोट वाले खिलौने बच्चों को कितना लुभाते हैं। इनकी दुनिया हमें रोमांच और खुशियों से भर देती है। इन्हें देखने के लिए कितने लोग ज़ू और जंगलों में सफारी करने जाते हैं।

शेर-हाथी से हमें ताकतवर होने की प्रेरणा मिलती है, बाज़ से ऊँचा उड़ने की, मगरमच्छ से धैर्य की, और लोमड़ी से बुद्धिमानी की (ना कि छल-कपट की)। और भी कई उदाहरण हैं। अब यह तय हम मनुष्यों को करना है कि हमें जीवन देना है या छीनना।

कुछ वर्ष पहले एक हिंदी फिल्म आई थी 'रोबोट 2.0'–यदि आपने देखी हो तो याद होगा, कितनी खूबसूरती से दिखाया है कि इंसानी लालच की वजह से पक्षियों का जीवन संकट में आ जाता है। उसमें स्पष्ट बताया गया है कि मोबाइल का उपयोग सीमित मात्रा में करना चाहिए। लेकिन लोग तीन घंटे की फिल्म तो मनोरंजन के लिए देख लेते हैं, पर जो मुख्य संदेश लेना चाहिए, उसे भूल जाते हैं। यदि हम मनोरंजन के साथ-साथ उसमें दिए संदेश को अपने जीवन और मस्तिष्क में उतार लें, तो शायद हम खुद पर ही भलाई करेंगे।

आज विश्व भर में मांस का बाज़ार कितना बड़ा है! एक आँकड़े के अनुसार, विश्व के 80 से 90 प्रतिशत लोग मांस का सेवन करते हैं। इनमें से शायद एक प्रतिशत के सौवें हिस्से जितने ही लोग ऐसे होंगे जो मनुष्य का मांस खाते हैं। तो जब मनुष्य, मनुष्य का मांस नहीं खा सकता, तो अन्य जीवों का क्यों खाता है? कोई मनुष्य किसी एक भी मनुष्य की हत्या करे, तो कानून और सजा का प्रावधान है, पर हर देश की सरकारें खुद मांस का आयात-निर्यात करती हैं। केवल गिनती के संरक्षित जानवरों को छोड़कर, अन्य जीवों की हत्या पर कोई सख़्त कानून या सजा का प्रावधान नहीं है।

हम कोविड-19 महामारी से भी कुछ सीख सकते हैं। कुछ मीडिया रिपोर्ट्स के अनुसार, यह वायरस भले ही मानव-निर्मित हो, पर इसका प्रभाव पृथ्वी के हर मनुष्य पर पड़ा। लाखों मनुष्यों की मृत्यु हो गई, पर अन्य जीव और जानवर खुलकर जीने लगे–उन पर इसका कोई असर नहीं हुआ। जब मनुष्य कुछ महीनों के लिए घरों में कैद हो गया, तो पृथ्वी की जलवायु स्वयं ही कितनी शुद्ध हो गई!

हम मनुष्य इतिहास को बहुत जल्दी भूल जाते हैं, जबकि इतिहास हमें जीना सिखाता है–क्या करना चाहिए और क्या नहीं। कोविड-19 महामारी में हर मनुष्य को एक बार तो मृत्यु के भय ने अवश्य परेशान किया होगा, जबकि

मनुष्य के रहते हर जीव के ऊपर मृत्यु का खतरा सदैव मंडराता रहता है। लेकिन मृत्यु का भय उन्हें नहीं होता, क्योंकि वे आने वाली मृत्यु को महसूस नहीं कर सकते। यदि उन्हें यह सुपर पावर मिल जाए, तो वे अपनी आत्मरक्षा में मनुष्य पर हमला कर देंगे। इसलिए जन्म और जीवन के महत्व को समझते हुए, हमें अपनी ओरिजिनल इंटेलिजेंस से हर एक जीवन का सम्मान करना चाहिए। क्योंकि बुद्धिमत्ता केवल मनुष्यों को प्राप्त हुई है–तो उसका सही प्रयोग भी हमें ही करना होगा।

तो आज से जीवन का यही लक्ष्य और उद्देश्य रखें–

यदि पृथ्वी पर मनुष्य के मांस का कोई भी बाज़ार नहीं है, तो अन्य जीव-जंतुओं के मांस का भी कोई बाज़ार नहीं होना चाहिए।

3

माता-पिता एवं संतान

ईश्वर हर एक मनुष्य का ध्यान नहीं रख सकता, इसलिए उसने माता-पिता का रिश्ता बनाया। शास्त्रों में माता-पिता को ईश्वर से भी बड़ा दर्जा दिया गया है, इसलिए हम प्रथम ईश्वर माता-पिता को मानते हैं।

माता-पिता क्या हैं? माता-पिता कौन होते हैं? यह हमें विस्तार से समझना होगा। यह मनुष्य के जीवन का चक्र है कि आज हमारे माता-पिता ने संतान उत्पत्ति की और हमारा पालन-पोषण कर रहे हैं। उनके माता-पिता (हमारे दादा-दादी, नाना-नानी) ने उनका पालन-पोषण करके बड़ा किया और उन्हें उनके माता-पिता ने। पृथ्वी पर मनुष्य जीवन का यही चक्र चलता रहता है और इसी से संसार चल रहा है। आज हममें से कोई भी मनुष्य अपने दस पूर्वजों के नाम से भी परिचित नहीं होगा, परंतु दादा-परदादा तक उनके नाम से परिचित होंगे या उनकी गोद में खेले होंगे। वर्तमान में हम अपने माता-पिता के महत्व और त्याग को ही समझकर आचरण करें तो हमारा जीवन शायद कुछ सार्थक हो जाए।

एक माँ अपने बच्चे को नौ महीने गर्भ में पालती है, उसे दुनिया में लाने के लिए अनेकों कष्ट और पीड़ाएँ सहन करती है। फिर दुनिया में आते ही अपनी छाती से लगाकर उसे अपना दूध पिलाती है, उसका मल-मूत्र साफ़ करती है – वह भी प्रसन्नता से।

एक पिता अपने बच्चे को गर्भ में तो नहीं, पर दिमाग में पालता है। उसके उज्ज्वल भविष्य के लिए कई योजनाएँ बनाता है, अथक परिश्रम करके धन अर्जित करता है, उसे कंधे पर बिठाकर दुनिया दिखाता है, उसके सपने पूरे करता है, हर नए कल के लिए भोजन की व्यवस्था करता है। पिता होना बिल्कुल भी आसान नहीं है। सिर पर पिता का हाथ एक सुरक्षित छत होती है। माँ का त्याग और समर्पण दिखाई देता है, लेकिन पिता का त्याग अदृश्य होता है; उसे केवल भावनाओं के द्वारा समझा और महसूस किया जा सकता है।

यहाँ मैं दोनों की तुलना नहीं कर रहा हूँ। वास्तव में माता-पिता के प्रेमभाव की तुलना की ही नहीं जा सकती। दोनों का प्यार और आशीर्वाद असीमित है। माता-पिता के किए का ऋण कभी चुकाया ही नहीं जा सकता। वह कहते हैं न – "माता-पिता क्या होते हैं, यह हमें तब समझ में आता है जब हम खुद माता या पिता बनते हैं" – और माता या पिता की मौजूदगी कितनी महत्वपूर्ण होती है, यह अहसास तब होता है जब वे हमारे जीवन में नहीं होते।

इसलिए, वक़्त रहते उनकी कदर कीजिए। उन्हें जीते-जी ख़ुशी और सम्मान दें। वैसे तो बुढ़ापे में इंसान की ख़्वाहिशें ज़्यादा कुछ रहती नहीं हैं, लेकिन उनकी ज़रूरतों को समझते हुए उन्हें सुख प्रदान कीजिए। अमूमन हर इंसान को अपनी आयु के 8वें से 10वें वर्ष से आगे का जीवन अच्छी तरह याद होता है। ज़रा फ़्लैशबैक में जाकर सोचिए और याद कीजिए – आपके माता-पिता ने अपनी हर ख़ुशी का त्याग करके आपकी अनंत इच्छाएँ पूरी की होंगी। शायद आर्थिक स्थिति के कारण आपको कुछ दिला न पाए हों, परंतु प्यार और परवरिश में कोई कमी नहीं छोड़ी होगी।

इसलिए, आप चाहे शादीशुदा हों या नहीं, चाहे युवावस्था में हों – उन्हें हर तरह से सुख प्रदान करें, उन्हें उचित सम्मान दें। यहाँ सुख देने का आशय केवल धन-संपन्न वस्तुओं से नहीं है, बल्कि उनसे बैठकर रोज़ बातें करने, उनके सुख-दुःख जानने, उन्हें क्या चाहिए यह पूछने से है। यदि कोई बीमारी या कष्ट हो तो तुरंत उनका उपचार करें। उनकी कोई दिली इच्छा हो तो उसकी पूर्ति करें। उन्हें खाने में कुछ विशेष पसंद हो तो उसकी व्यवस्था करें। उनकी नियमित दवाइयों एवं स्वास्थ्य का ध्यान रखें – इससे उन्हें अपार ख़ुशी मिलेगी।

और यहाँ यह भी नहीं सोचना चाहिए कि हम उनके किए हुए एहसानों के बदले उनकी सेवा करके एहसान चुका रहे हैं। माता-पिता और संतान के रिश्ते में 'एहसान' शब्द होता ही नहीं है। हमारे माता-पिता ने हमें पालकर अपना-अपना कर्तव्य और धर्म निभाया, अब जब हम जिन पैरों पर हृष्ट-पुष्ट खड़े हैं, युवावस्था में ऊर्जावान और बुद्धिमान हो चुके हैं, और माता-पिता की आयु वृद्धावस्था की ओर आ रही है – तब हमें अपना संतान होने का कर्तव्य और धर्म निभाना है।

उनकी निःस्वार्थ सेवा करने से वे प्रसन्न होते हैं, संतान सुख की अनुभूति करते हैं, और इससे हमें सीधे भगवान का आशीर्वाद मिलता है। दुनिया में माता-पिता के सिवा कोई हमारी मंगलकामना नहीं करता। केवल यही एक रिश्ता है जो हमारे लिए सुख और समृद्धि चाहता है। आप चाहे 80 वर्ष के हो जाएँ, आपकी 100 वर्षीय माँ ही आपसे पूछेगी – "खाना खाया बेटा?" और 100 वर्षीय पिता आपसे कुछ कहेगा नहीं, परंतु आपको यह आभास ज़रूर होगा कि "इस पेड़ की छाँव मेरे सिर पर है, तो मैं कितनी भी कड़ी धूप का सामना कर लूँगा।"

जीवनपर्यंत उन्हें अपार सुख एवं खुशियाँ दीजिए। मृत्यु के पश्चात कितने ही मृत्युभोज, श्राद्ध, भंडारे, पुण्यतिथियाँ, कन्याभोज, साधु-भोजन करवा लें, उनकी आत्मा को शांति नहीं मिलेगी। उनकी मृत्यु के पश्चात भी यह सद्कर्म अवश्य करने चाहिए, लेकिन जीवित रहते उनकी सेवा पूरा जीवन संवार देगी।

किसी पिता ने अपना कर्म, धर्म, वचन चाहे न निभाया हो – यह सोचे-समझे बिना पुत्र को अपना धर्म निभाना चाहिए। रामायण में स्वयं प्रभु श्रीराम ने कहा है कि किसी का पिता कितना ही दुराचारी क्यों न हो, पुत्र को अपने कर्तव्य से विमुख नहीं होना चाहिए। जैसे प्रभु श्रीराम ने अपने पिता के दिए वचन का पालन किया और वन में चले गए – इससे बड़ा उदाहरण क्या मिलेगा कि एक पुत्र को क्या करना चाहिए।

आज के दौर में कई संतानें माता-पिता की विरासत पाने के लिए हर तरह का षड्यंत्र रचती हैं, वह भी अपनी ही संतान के सुख के लिए। पर वे यह भूल जाते हैं कि वे भी किसी के माता-पिता हैं – कर्म तो एक दिन लौटकर

आएगा ही। पिता की संपत्ति या विरासत पर नज़र नहीं रखनी चाहिए। यदि आप योग्य एवं कर्मशील होंगे, तो देवतुल्य पिता आपको स्वयं अपनी सारी संपत्ति दे देंगे। यदि आपके पास कुछ नहीं है, तो ईश्वर आपको इतना सामर्थ्य देंगे कि आप स्वयं ही अपने लिए धन-संपत्ति बना लेंगे। बस अधर्म से बचें, वर्ना उससे बनाई गई अपार संपत्ति भी भविष्य में दस गुना कम हो जाएगी।

कई संतानें छलपूर्वक या बलपूर्वक माता-पिता से उनकी संपत्ति छीन लेते हैं और उन्हें ले जाकर वृद्धाश्रमों में छोड़ देते हैं। जो संतानें माता-पिता का दुःख नहीं समझते, वे जाकर वृद्धाश्रमों में उन वृद्ध माता-पिताओं से मिलें, उनकी व्यथा सुनें – तब शायद जाकर पता चले कि उनकी क्या कीमत होती है जीवन में।

आपने समाज में संतानों को पिता की धन-संपत्ति के लिए लड़ते हुए कई बार देखा होगा, पर मेरे विचार में कभी ऐसा उदाहरण देखा या सुना नहीं होगा कि कुछ संतानें पिता के ऋण की विरासत के लिए लड़ी हों – कि "हमारे पिता पर इतना ऋण है, इसे मैं चुकाऊँगा।" जब धन-संपत्ति की विरासत के लिए आगे आ सकते हो, तो ऋण चुकाने की विरासत के लिए भी आगे आना चाहिए। यह भी एक संतान का दायित्व है। यहाँ पर यह भेदभाव क्यों? एक पिता चाहे अपनी संतान के लिए करोड़ों रुपये छोड़ जाए, लेकिन उससे ज़्यादा कीमती उसके सर पर उसका साया होता है।

आइए इसे एक कहानी से समझते हैं –

एक नगर में एक मध्यमवर्गीय परिवार था। उस पिता की चार संतानें थीं – तीन युवा पुत्र और एक पुत्री। एक दिन उस पिता ने तीनों पुत्रों को बुलाकर एक समान राशि तीनों को देते हुए कहा – "यह धन मैं तुम तीनों में निवेश कर रहा हूँ। अब अपनी समझदारी और विवेक से इन पैसों का उपयोग करना और एक सफल व्यक्ति बनकर ही घर लौटना। तुम ही मेरे बुढ़ापे का सहारा हो, निराश मत करना।"

तीनों पुत्र अपने-अपने पैसे लेकर अपनी-अपनी राह चल दिए। समय बीतता गया। दो वर्ष बाद ही बड़ा पुत्र घर वापस आ गया। उसका स्वभाव भोग-विलासिता का था। वह बिल्कुल भी मेहनत नहीं करता था। ग़लत

आदतों और खराब संगत की वजह से उसने दो वर्ष में ही अपना सारा धन खत्म कर दिया। अब पिता तो स्वभाव से परिचित थे। उन्होंने पूछा – "क्या हुआ?"

बेटा बोला – "पिताजी, मेरे सारे रुपये ख़र्च हो गए। मुझे और पैसे चाहिए।" वह लड़ने लगा – "मैं आपका बड़ा पुत्र हूँ, मेरा सर्वप्रथम अधिकार है।"

पिता ने कहा – "अधिकार तो है, पर मेरे पास अब एक रुपया भी नहीं है। तेरे दोनों भाई भी आज तक नहीं आए। मैंने जो रुपये तुझे दिए थे, वह किसी से कर्जा लेकर दिए थे। यह मकान भी उसी के पास गिरवी है। आज नहीं तो कल यह भी मुझसे छिन जाएगा। मैं तो तुझसे उम्मीद लगाए बैठा हूँ कि तू मेरा कर्जा उतारेगा। तुम मेरे बड़े पुत्र हो, तुम्हारा यह सर्वप्रथम कर्तव्य है।"

पिता के बुरे वक़्त को देखकर ही वह वहाँ से उल्टे पाँव वापस चला गया।

देखते-देखते छह वर्ष बीत गए। मंझला पुत्र घर वापस आ गया। उसका स्वभाव 'खाओ और कमाओ' प्रवृत्ति का था – ज़्यादा मेहनत करता नहीं था। छह वर्ष में सारे पैसे खत्म कर दिए। आते ही पिता से और पैसों की मांग करने लगा। अब पिता तो स्वभाव से भली-भांति परिचित थे। उन्होंने कारण पूछा।

पुत्र बोला – "आपके दिए हुए पैसों से मैंने व्यापार शुरू किया। चार वर्षों तक व्यापार अच्छा चला, फिर उसमें घाटा होने लगा। अब मेरे पास एक भी पैसा नहीं है। आप मेरी मदद कीजिए, मैं कुछ समय में आपके पैसे लौटा दूँगा।"

पिता ने कहा – "मैं पहले ही कर्जे में हूँ। यह मकान गिरवी है। तेरी छोटी बहन की शादी करनी है। तू कुछ भी कर, खुद को बेच दे, पर हमारा सहारा बन। तेरे दोनों भाई भी निकम्मे निकले। तुम ही मेरी आखिरी उम्मीद हो।"

पिता की दयनीय स्थिति देखकर वह भी वहाँ से चलता बना।

देखते-देखते दस वर्ष बीत गए। छोटा पुत्र वापस घर आया। वह बड़ा ही मेहनती और योग्य था। उसने सूझबूझ से उन पैसों को अपने ऊपर ख़र्च किया। हर दिन कोई नया काम सीखता, अपने कौशल को बढ़ाने के लिए न

दिन देखा, न रात। भूखे सो जाना, कष्ट सहना–पर मेहनत का दामन न छोड़ा। और आज, दस वर्ष बाद, वह एक बड़े संस्थान का उद्यमी बनकर लौटा।

पिताजी तो स्वभाव से परीचित थे। उसके आते ही रोने लगे कि – "मैंने कर्जा लेकर तुम तीनों को पैसे दिए थे, तेरे दोनों भाई तो सब गँवा बैठे, मुझे भी अकेला छोड़ दिया। यह मकान भी गिरवी है, तेरी बहन कुँवारी घर बैठी है, अब तो यहाँ कुछ बचा नहीं। तू भी यहाँ से चला जा, वरना हमारा बोझ भी तुझ पर ही आ जाएगा।"

उसने पिता को गले लगाते हुए कहा – "आप क्यों चिंता करते हैं पिताजी? क्या आपका दुःख मेरा दुःख नहीं है? आपके आशीर्वाद से मैंने खुद का एक बड़ा संस्थान बना लिया है, मेरे पास पैसों की कोई कमी नहीं है। वह क़र्ज़ आपने मेरे लिए ही लिया था, तो चुकाऊँगा भी मैं ही। हम अपना मकान भी छुड़वा लेंगे, बहन की शादी मैं करवाऊँगा।"

यह सब सुनते ही पिताजी बहुत प्रसन्न हुए और उसे उसके दोनों भाइयों के बारे में बताया, और बोले – "मेरे ऊपर कोई क़र्ज़ नहीं है, मैं तो तुम तीनों की परीक्षा ले रहा था। यह धन-संपत्ति सब तुम्हारी है, मेरे योग्य उत्तराधिकारी तुम हो।"

यह कहानी चाहे काल्पनिक हो या वास्तविक, उद्देश्य है शिक्षा का, और यह हमें कई सीख देती है–कि एक पिता को क्या करना चाहिए, एक अच्छी और एक खराब संतान कैसी होती है। यदि आप योग्य और परिश्रमी हैं तो आपको बिना चाहे सब कुछ प्राप्त होगा, और यदि आप केवल विलासिता में जीते हैं, तो कुछ भी नहीं बचेगा। यदि कमाई से ज़्यादा ख़र्च करेंगे, तो भी वह एक दिन खत्म हो जाएगा।

यहाँ मैं आपको बताना चाहूँगा कि आजकल बच्चों में आप, माता-पिता या स्वयं बच्चा, एक नई और अच्छी आदत विकसित कर सकते हैं। यह काम हर उस बच्चे–चाहे बेटा हो या बेटी–लगभग 8 वर्ष की आयु से शुरू कर सकते हैं, क्योंकि आमतौर पर इस आयु से बच्चे सामान्य रूप से लिखने और समझने लगते हैं। शुरू में कुछ समय तक माता-पिता को अपने बच्चों में यह आदत विकसित करनी होगी, जब एक निरंतर अभ्यास हो जाएगा, तब वे खुद से इसे करने लगेंगे।

घर में दो या तीन जितने भी बच्चे हैं, सबका एक-एक अलग लेटर बॉक्स बना लें। हर बच्चा हर महीने की अंतिम तारीख को एक चिट्ठी लिखे, जिसमें उस महीने का हर अच्छा विवरण हो–जैसे, इस महीने मेरे माता-पिता ने मेरे लिए क्या किया, कुछ नई वस्तुएँ दिलाई, कहीं घुमाने ले गए, हमारे लिए कुछ निवेश किया, हमारे साथ स्कूल समारोह में गए, हमें किसी समस्या में मदद की, बीमार होने पर इलाज करवाया, हमारी उपलब्धि पर पुरस्कार दिया–जो कुछ भी अच्छा किया हो, या आपको अच्छा लगा हो, उसे चिट्ठी में लिखें।

उस पर 'चिट्ठी नंबर 1' लिखकर लेटर बॉक्स में डाल दें। ऐसे ही हर महीने क्रमवार नंबर डालकर चिट्ठियाँ बॉक्स में डालते जाएँ। 8 वर्ष से 25 वर्ष की आयु तक ऐसा करने पर आपकी चिट्ठियाँ 204 हो जाएँगी, यानी 17 वर्ष की भावनात्मक डायरी। याद रहे–इन चिट्ठियों में माता-पिता के अच्छे कार्यों को ही लिखना है, ख़र्चे या रकम का हिसाब नहीं; क्योंकि यह आपकी भावनाओं की चिट्ठियाँ हैं, परवरिश का लेखा-जोखा नहीं।

25 वर्ष के होते ही, हर माह एक-एक चिट्ठी खोलकर पढ़ें, और यह सिलसिला अगले 17 वर्ष तक–यानी 42 वर्ष की उम्र तक–चलेगा। तब तक आप जीवन को गहराई से समझने लगेंगे, और शायद खुद भी माता-पिता बन चुके होंगे। बड़े होकर जब अपनी बचपन की हस्तलिपि देखेंगे, तो रोमांच और प्रसन्नता दोनों होगी।

यह आपको भावनात्मक रूप से माता-पिता से जोड़ेगा। अगर उस समय वे आपके साथ हैं, तो आपके मन में उनके लिए अच्छा करने की प्रवृत्ति जागेगी। और अगर प्रवृत्ति न भी जागे, तो कम से कम उनका अहित करने से बचेंगे।

आजकल कई युवा माता-पिता से कहते हैं – "आपने मेरे लिए किया ही क्या है?" लेकिन जब वे अपने ही बचपन की चिट्ठियाँ पढ़ेंगे, तो उन्हें एहसास होगा कि उन्होंने क्या-क्या किया है।

भविष्य किसी ने नहीं देखा, लेकिन भूतकाल के खाए हुए फलों का प्रतिफल हर संतान को चुकाना चाहिए। यही हमारी सच्ची 'ओरिजिनल

इंटेलिजेंस' है, और उसी का उपयोग करके हर संतान को जीवन जीना चाहिए।

बचपन में मैंने कुछ पंक्तियाँ पढ़ी थीं–

"सुख चाहो तो सुख दो, सुख चाहो तो दुख मत दो।"

हर मनुष्य को यह याद रखना चाहिए, क्योंकि हर कोई किसी का संतान है, और एक दिन हर कोई माता-पिता बनता है।

4

समय

'समय' कितना शक्तिशाली शब्द है! इसके कई नाम हैं – जैसे वक़्त, टाइम, काल, हालात, घड़ी, चक्र आदि।

कुछ प्रसिद्ध कहावतें भी हैं –जैसे 'समय बड़ा बलवान है', 'टाइम इज़ मनी', 'वक़्त-वक़्त की बात है', 'समय की क़द्र करो, समय तुम्हारी क़द्र करेगा', 'हालात हमेशा एक जैसे नहीं रहते', 'समय बहुत कीमती है', 'मेरे पास टाइम नहीं है', 'बीता हुआ समय कभी वापस नहीं आता' आदि।

जीवन में टाइम मैनेजमेंट सबसे ज़रूरी है। कहते हैं न–जो समय से चलता है, वह जीवन में ज़रूर सफल होता है। कोई घड़ी यदि बंद भी हो जाए, फिर भी समय कभी रुकता नहीं है। इसलिए हर मनुष्य को समय की कीमत समझनी चाहिए।

सोचिए–पृथ्वी अगर सूर्य के चक्कर लगाना बंद कर दे तो क्या होगा? पृथ्वी पर समय रुक जाएगा। अनंत ब्रह्मांड और सारे ग्रह अपने-अपने समय से चलते हैं। हमारी सनातन संस्कृति में तो ग्रहों की चाल, दशा और समय देखकर ही शुभ कार्य किए जाते हैं। अनुशासित जीवन का मूल आधार ही समय है। काल और समस्त ग्रहों को वश में करने वाला रावण भी समय से परास्त हुआ था। समय की विशेषता यह है कि यह समय रहते हर किसी को जीवन में एक बार तो खुद से परिचय करा ही देता है–कि बलवान समय है या हम।

कहते हैं – बुरा वक़्त पूछकर नहीं आता, लेकिन समय का सदुपयोग करने से अच्छा समय ज़रूर आता है। हमारे शास्त्रों में कहा गया है कि ब्रह्म मुहूर्त में जाग जाना चाहिए, अर्थात सूर्योदय से पहले उठना चाहिए। सुबह चार बजे और आठ बजे सोकर उठने में चार घंटे का अंतर है। इन चार घंटों में औसतन हर व्यक्ति अपने घर के सारे दैनिक कार्य कर सकता है। यह कुछ दिनों के नियमित अभ्यास से एक आदत में बदला जा सकता है।

आप यदि कुछ दिन यह करेंगे, तो आपको स्वतः एहसास हो जाएगा कि – 'हम तो आठ बजे ही फ्री हो गए, उसके बाद हम बहुत कुछ कर सकते हैं।' लेकिन ज़्यादातर लोगों का यह स्वभाव होता है कि वे करते भी कुछ नहीं हैं और कहते हैं–'मेरे पास समय ही नहीं है, मुझे समय ही नहीं मिल पाया। कल कर दूँगा, कल कर दूँगी।'"

इसीलिए कहा गया है – "काल करे सो आज कर, आज करे सो अब"। लेकिन इस कहावत को आप अच्छे और सामान्य दैनिक काम के संदर्भ में ही लें और जीवन में अपनाएँ।

जब मन में विचार आए कि कोई कार्य करना है, और यदि वह ग़लत प्रतीत हो, तो उस समय "काल करे सो आज कर, आज करे सो अब" वाली कहावत से कोसों दूर रहें। बल्कि उस समय रोज़ कहें – "ये काम तो कल करूँगा या कभी नहीं करूँगा।"

'कल' एक बहुत ही शक्तिशाली शब्द है। इसके जीवन में दो रूप होते हैं – एक है आने वाला कल, और दूसरा है बीता हुआ कल। ज़्यादातर लोग किसी भी काम को लेकर टालते रहते हैं और कहते हैं–कल कर दूँगा, कल पक्का करूँगा, कल से शुरू करूँगा। लेकिन उनका 'कल' कभी नहीं आता, क्योंकि वे रोज़ 'कल' पर ही टालते रहते हैं–और उसके साथ भविष्यकाल के गा, गे, गी जोड़ देते हैं।

बहुत कम लोग ऐसे होते हैं जिनमें समय रहते काम करने और उसके महत्व को समझने की प्रवृत्ति होती है। वे कहते हैं – ये काम तो मैंने समय रहते ही कर लिया था, और अपने 'कल' के साथ भूतकाल के था, थे, थी जोड़ते हैं।

कुछ लोग इतने आलसी होते हैं कि वे आने वाले 'कल' पर भी नहीं चलते–वे तो परसों, नरसों और बरसों के सिद्धांत पर चलते हैं। ऐसे लोग जीवन में कुछ खास नहीं कर पाते। वे खुद को सफल मानते हैं, लेकिन समझने और वास्तव में सफल होने में बहुत फ़र्क होता है।

मान लीजिए, कोई सुस्त व्यक्ति है जिसे समय की क़द्र नहीं है। अगर उसकी ट्रेन सुबह 4 बजे है, तो वह भी रात 3 बजे उठकर समय से स्टेशन पहुँचने का प्रयास करेगा–भले ही रोज़ सुबह 10 बजे उठता हो।

वहीं, कुछ लोग इतने अव्यवस्थित होते हैं कि उनकी ट्रेन दिन में किसी भी समय की हो, वे लेट हो ही जाते हैं। फिर बहाने बनाते हैं और दूसरों पर दोष डालते हैं–इसने देर कर दी, ट्रैफिक जाम था, साधन नहीं मिला।

इसके विपरीत, कुछ लोग बेहद व्यवस्थित होते हैं। वे समय का पूरा ध्यान रखते हैं – घर से स्टेशन की दूरी, रूट और ट्रैफिक की स्थिति का पहले से अध्ययन करते हैं, और यदि पास में उचित साधन न मिले तो पहले ही उसकी व्यवस्था कर लेते हैं। नतीजा–वे समय से स्टेशन पहुँचते हैं।

याद रखिए–ट्रेन हमेशा तय समय पर चलती है, वह आपका एक मिनट भी इंतज़ार नहीं करेगी। लेकिन अगर ट्रेन 10 घंटे भी लेट हो जाए, तो आपको उसका इंतज़ार करना पड़ेगा। यही आदतें आपके समय प्रबंधन को दर्शाती हैं।

प्राथमिकताएँ तय करना भी समय प्रबंधन का हिस्सा है। मान लीजिए–ट्रेन चलाने वाला लोको पायलट ड्यूटी पर समय पर नहीं पहुँचा और ट्रेन एक मिनट भी देर से चली, तो उसका तुरंत निलंबन हो जाएगा। इसलिए वह हमेशा समय पर पहुँचता है – चाहे बाद में सिग्नल न मिलने के कारण वही ट्रेन 10 घंटे वहीं खड़ी क्यों न रहे।

इसी प्रकार से, किसी नेता पर समय-पाबंदी की कोई बाध्यता नहीं होती, इसलिए उस पर कोई कार्रवाई नहीं होती। दुनिया और देश में 99% नेता यदि किसी कार्यक्रम में समय से पहुँच जाएँगे तो उनकी वैल्यू कम हो जाएगी, और देर से पहुँचेंगे तो उतने बड़े वीआईपी कहलाएँगे। देश में हर रोज़ जाने कितने वीआईपी मूवमेंट होते हैं–उनका आना-जाना, जिसके कारण आम ट्रैफिक रोक दिया जाता है, रूट डाइवर्ट कर दिया जाता है, जिससे कई कर्मचारी

समय पर कार्यालय नहीं पहुँच पाते। कई बार उनका वेतन कट जाता है, किसी की ट्रेन, बस, हवाई यात्रा छूट जाती है, कई मरीज़ आपातकालीन स्थिति में एम्बुलेंस में ही दम तोड़ देते हैं। और अगले दिन अखबार में ख़बर आती है कि उक्त व्यक्ति समय से अस्पताल पहुँच जाता तो उसकी जान बच सकती थी।

ये है समय की ताकत–अति महत्वपूर्ण व्यक्ति (VIP) के चलते आम आदमी को बचने का समय ही नहीं मिला, लेकिन उक्त VIP की कोई जवाबदेही नहीं, कोई गलती नहीं, कोई कानून नहीं, कोई सज़ा नहीं।

ऐसे ही हमारे देश की संसद में 500 से ज़्यादा सांसद बैठते हैं, जिनका काम देशहित में सर्वसम्मति से कोई कानून पास करना है। लेकिन देशहित का कितना समय नष्ट किया जाता है, क्योंकि वहाँ देश से पहले स्वहित या स्वयं की राजनीतिक पार्टी का हित आ जाता है। इसके चलते चाहे संसद की कार्यवाही कितने दिन न चले, स्थगित हो जाए, टेबल-कुर्सियाँ फेंकी जाएँ, वाक आउट किया जाए, विरोध-प्रदर्शन किए जाएँ–लेकिन जिनकी नैतिक ज़िम्मेदारी बनती है, जिनको इतने महत्वपूर्ण काम के लिए बिठाया गया है, वहाँ असीमित समय नष्ट किया जाता है। लेकिन उन पर कोई जवाबदेही नहीं, कोई कार्रवाई नहीं। बहुत ही ज़्यादा कुछ कर भी लिया तो मात्र एक या दो दिन के लिए निलंबन और फिर बहाली हो जाती है।

इसके विपरीत, जब नेताओं के हित की बात आती है–जहाँ उनके वेतन, भत्ते एवं सुविधाएँ बढ़ाने पर चर्चा हो–वहाँ सारे माननीय तुरंत एकमत हो जाते हैं। तब कोई विरोध नहीं, कोई विचारधारा नहीं, कोई पक्ष या विपक्ष नहीं, और बिना समय नष्ट किए तुरंत वह बिल पास हो जाता है। इसी को प्राथमिकता देखकर समय का सदुपयोग या दुरुपयोग करना कहते हैं।

ऐसे ही, हमारे देश के मशहूर अभिनेता स्व. श्री राजेश खन्ना हिंदी फिल्मों के सुपरस्टार थे। एक समय उनका करियर चरम पर था – उनके पास नाम, दौलत, शोहरत सब कुछ था। लेकिन मीडिया रिपोर्ट्स के अनुसार, वह सुबह 8 बजे की तय शूटिंग पर शाम 4 बजे पहुँचते थे। निर्देशक उनके इस रवैये से परेशान रहते थे। सफलता के शिखर पर उन्होंने समय की क़द्र नहीं की, और अपने जीवन के अंतिम समय में उनके पास पैसा, घर, गाड़ी सब कुछ था, पर वह बिल्कुल अकेले थे–उनके पास न परिवार, न दोस्त कोई था।

इसलिए कहते हैं – समय से बड़ा बलवान कोई नहीं होता। समय रहते समय की क़द्र कर लीजिए।

इसी समय के सदुपयोग और व्यवस्थित जीवन का उदाहरण राजेश खन्ना जी के दामाद एवं फिल्म अभिनेता अक्षय कुमार के जीवन से देखिए। वह इतनी सफलता के बाद भी आज तय समय से उठते हैं, तय समय पर सोते हैं, संतुलित खान-पान रखते हैं, निर्माता-निर्देशकों को दी हुई तारीखों पर शूटिंग और फिल्में पूरी करते हैं। आज फिल्म इंडस्ट्री में हर कोई उनके अनुशासित समय का उदाहरण देता है। उन्होंने स्वयं अपने एक वक़्तव्य में कहा था– "मैं जब सुबह 4 बजे दौड़ने जाता हूँ, तब दूसरे अभिनेता लेट-नाइट पार्टी करके घर लौट रहे होते हैं।"

मैं यहाँ किसी की तुलना नहीं कर रहा, बल्कि यह एक श्रेष्ठ उदाहरण है समय और अनुशासित जीवन का। इससे हमें सीखना चाहिए–यदि हम लगातार ख़राब जीवनशैली अपनाएँगे, तो वह समय के साथ कंपाउंडिंग होकर हमारा जीवन और ख़राब कर देगी, और यदि हम लगातार अच्छी जीवनशैली अपनाएँगे, तो वह समय के साथ कंपाउंडिंग होकर हमारा जीवन और अच्छा कर देगी।

आप जीवन में किसी भी काम को एक उपयुक्त समय देंगे, तो वह समय आपको उपयुक्त प्रतिफल अवश्य देगा। आप मशहूर फुटबॉलर क्रिस्टियानो रोनाल्डो से सीखें–उन्होंने एक खेल को इतना समय दिया और आज वह सबसे महंगे और सफल खिलाड़ी हैं, लेकिन आज भी समय का महत्व समझते हैं और रोज़ कड़ी मेहनत करते हैं। इसी प्रकार सचिन तेंदुलकर, विराट कोहली भी क्रिकेट को समय देकर सफल हुए हैं। उसैन बोल्ट ने 10 सेकंड की रेस जीतने के लिए बीस वर्षों तक मेहनत की थी–और इतिहास के पन्नों पर आज उनका नाम अमर है।

यदि आप समय का सही उपयोग करते हैं, तो आप चाहे जीवन में सफल न भी हों, पर समय आपको निराश नहीं करेगा। वह आपको एक अनुभव देगा, एक सीख देगा। दुनिया में कई ऐसे लोग हैं जो खिलाड़ी के तौर पर जीवन में सफल नहीं हुए, पर वे बड़े-बड़े खिलाड़ियों के कोच हैं; कई लोग जो अभिनेता नहीं बन पाए, पर अभिनय सिखाते हैं; कई लोग जो खुद IAS

नहीं बन पाए, पर IAS कोचिंग पढ़ाते हैं। इसलिए, जीवन का कोई भी क्षेत्र हो, समय आपको अनुभवी और परिपक्व तो बना ही देगा।

मनुष्य को जीवन में समय के उतार-चढ़ाव से डरना या घबराना नहीं चाहिए। जैसे समय की घड़ी में कोई भी कांटा–चाहे घंटे का, मिनट का या सेकंड का हो–जब 6 पर आता है, तो वह ऊपर 12 पर भी अवश्य आता है। जब उतार-चढ़ाव स्वयं समय की घड़ी में आता है, तो जीवन के समय में भी आएगा ही। अगर घड़ी की सुई किसी एक जगह पर रुक जाए तो उसमें समय रुक जाएगा, लेकिन हम मनुष्य समय के साथ चलना रोक दें, तो वास्तविक समय हमारे लिए नहीं रुकेगा, हमारी प्रतीक्षा नहीं करेगा–वह निरंतर चलता रहेगा।

दुनिया में जब भी घड़ी का या समय देखने के अन्य यंत्रों का आविष्कार नहीं हुआ था, तब भी दुनिया चलती थी। सूर्य की स्थिति और तारों की दिशाओं से लोग समय का अनुमान लगाते थे। इसलिए समय को किसी ने देखा नहीं, लेकिन समझदार मनुष्य उसका महत्त्व ज़रूर समझता है। विडंबना यह है कि आजकल हम समय को घड़ी में, स्मार्ट वॉच में, टीवी में, मोबाइल में, कंप्यूटर और भी कितने यंत्रों में देखते हैं, पर कीमती समय को व्यर्थ में गंवा देते हैं – कोई बातों में, कोई मोबाइल में, कोई सोशल मीडिया में, कोई अनावश्यक मनोरंजन में, व्यर्थ वाले टीवी शो में घंटों बर्बाद कर देता है। लेकिन जब कुछ सीखने या सार्थक काम करने की बारी आती है, तो लोगों के पास समय ही नहीं होता। कहते हैं – मेरे पास टाइम ही नहीं है।

लोग टाइम को पास करने के लिए टाइम पास के तरीके ढूँढते रहते हैं, लेकिन वह टाइम पास करते-करते खुद को जीवन में असफल कर देते हैं। यहाँ मैं टाइम पास करने के बिल्कुल भी ख़िलाफ़ नहीं हूँ। हर इंसान को थोड़ा टाइम पास करना चाहिए, क्योंकि सबके जीवन में काम है, तनाव है, चुनौतियाँ हैं, परेशानियाँ हैं – उनसे उबरने के लिए मनोरंजन ज़रूरी भी है। लेकिन मनोरंजन की भी एक सीमा होनी चाहिए। ज़्यादातर लोग मिले हुए समय में कुछ सार्थक करने से ज़्यादा मनोरंजन में ख़र्च कर देते हैं।

यह एक मानवीय स्वभाव है कि जिस भी काम को करने में हमें मेहनत लगती है, वह हमें बोर करता है – जैसे पढ़ाई करना, ऑफिस में काम करना,

कुछ नया या मेहनत वाला काम सीखना। इन सब कामों से इंसान को चिढ़ होती है, जबकि जीवन में कुछ हासिल भी इन्हीं बोरियत वाले कामों से होता है। इसके बजाय, घंटों टीवी देखने, मोबाइल चलाने या रील्स देखने से दिमाग को केवल कुछ देर के आनंद का अनुभव होगा, पर समय की नष्टता का नहीं।

आप एक घड़ी दो सौ रुपये की पहनें या दो लाख रुपये की–दोनों आपको समय ज़रूर बताएंगी। लेकिन समय के अनुसार पैसों की कीमत भी कम हो जाती है। 20 वर्ष पहले दस रुपये के नोट की जो वैल्यू थी, उतनी आज नहीं है। तो सोचिए, समय के आगे धन की हैसियत भी कुछ नहीं।

आपको एक कहानी सुनाता हूँ–

एक बार कुछ मनुष्य जीवन की यात्रा के लिए खड़े होकर बस का इंतज़ार कर रहे थे। कुछ ही समय में दो खाली बसें वहाँ आकर रुकीं। एक का नाम था लक्ष्मी ट्रैवल्स–वह बहुत ही लग्ज़री और चमचमाती हुई बस थी, पूरी तरह से सर्वसुविधायुक्त। दूसरी बस का नाम था सरस्वती ट्रैवल्स–वह बिल्कुल साधारण-सी बस थी, बैठने के लिए केवल सीटें मात्र थीं और कुछ नहीं।

वहाँ खड़े सारे मनुष्य लक्ष्मी ट्रैवल्स को देखते ही मोहित हो गए। सब धक्का-मुक्की करते हुए उसमें चढ़ने लगे। देखते ही देखते पूरी बस खचाखच भर गई। वो सारे चतुर-चालाक मनुष्य वहीं थे। वहीं, कुछ लोग सरस्वती ट्रैवल्स में चढ़ते गए, बिल्कुल आराम से–फिर भी वह बस बहुत खाली थी। एक-एक यात्री दो सीटों पर बैठा हुआ था। दोनों बसों के बाहर खड़े लोग बोले –

"ये लक्ष्मी ट्रैवल्स तो पूरी भर गई, पैर रखने की जगह तक नहीं है। लेकिन ये सरस्वती ट्रैवल्स खाली तो है, पर इस बस में कौन जाएगा? कोई सुविधा ही नहीं दिख रही, हमारी तो कमर ही टूट जाएगी।"

इतना कहकर वे बोले – "हम तो और अच्छी बस का इंतज़ार करेंगे"– और वहीं खड़े रहे।

दोनों बसें जीवन की यात्रा पर एक साथ निकल पड़ीं। लक्ष्मी ट्रैवल्स की गति बहुत तेज़ थी। वह एक मिनट में सरस्वती ट्रैवल्स को कई मील पीछे छोड़ आगे निकल गई। बस में हर सीट पर ए.सी. और टीवी स्क्रीन लगा हुआ

था। हर सीट पर खान-पान की वस्तुएँ आने लगीं। साथ ही अनाउंसमेंट होने लगा –

"यात्रीगण, लक्ष्मी ट्रैवल्स में आपका स्वागत है। मैं धन की देवी लक्ष्मी, आपकी बस चालक हूँ। यहाँ आपको हर सुविधा मिलेगी और आपकी यात्रा बहुत अच्छी होगी।"

सभी यात्रियों ने ड्राइविंग सीट पर देखा–साक्षात देवी लक्ष्मी को देखते ही बहुत खुश हो गए। सबकी यात्रा बहुत खुशमय चल रही थी।

वहीं, उससे दूर सरस्वती ट्रैवल्स धीमी गति से आगे बढ़ रही थी। सभी यात्री गर्मी और प्यास से परेशान थे। कोई सुविधा नहीं। बस चला रही साधारण-सी महिला ने कहा –

"मैं ज्ञान की देवी सरस्वती हूँ, सरस्वती ट्रैवल्स में आपका स्वागत करती हूँ। आप जितनी ज़्यादा देर मेरे साथ यात्रा करेंगे, आपको उतने ही कष्ट और तकलीफें सहनी पड़ेंगी। लेकिन यदि आप यात्रा में टिके रहे, तो आपको उसका प्रतिफल बहुत ही लाभकारी मिलेगा। पर यात्रा में समय ज़्यादा लगेगा।" देवी सरस्वती ने किसी को आकर्षित तो नहीं किया, पर सभी यात्री धैर्य रखते हुए यात्रा करने लगे।

कुछ ही वर्ष हुए थे कि लक्ष्मी ट्रैवल्स बहुत आगे निकल चुकी थी। सभी चालाक मनुष्य बहुत खुश थे – उन पर देवी लक्ष्मी की कृपा खूब बरस रही थी। यात्रा बहुत आरामदायक थी, सबके पास धन था, और वह बस समय की गति से भी तेज़ चल रही थी। अचानक, बस के सामने एक बड़ा-सा आदमी आकर खड़ा हो गया। देवी लक्ष्मी ने बस रोक दी। सभी यात्री हैरान कि बस क्यों रुक गई?

वह आदमी देवी लक्ष्मी को प्रणाम करते हुए बोला – "प्रणाम माता, अब आपका कार्य संपन्न हुआ। अब आगे यह बस मैं ले जाऊँगा।"

देवी लक्ष्मी ने उत्सुकतावश पूछा – "तुम कौन हो?"

आदमी ने कहा– "मैं यमदेव हूँ। इन सबका समय अब समाप्त हो चुका है, मैं इन्हें लेने आया हूँ।"

यह सुनते ही सब लोग हक्के-बक्के रह गए, उनके चेहरे का रंग उड़ गया। देवी लक्ष्मी मुस्कुराईं, "जैसी आज्ञा" कहकर उतर गईं और यमराज ड्राइविंग सीट पर बैठ गए। बस आगे बढ़ा दी गई।

सब लोग चिल्लाने लगे, खिड़कियाँ-दरवाज़े खोलने की कोशिश करने लगे, लेकिन सब ऑटो-लॉक थे। हाहाकार मच गया। काँच तोड़ने की कोशिश की, पर सब असफल हुए।

सबने यमदेव से कहा–"कृपया हमें जाने दीजिए। आप चाहें तो हमारा सारा धन ले लीजिए।"

यमराज अपने विकराल, असली रूप में आ गए और बोले–

"कैसा धन? किसका धन? तुम्हारे समय के साथ वह भी चला गया।"

इतना कहते ही बस बिल्कुल पुरानी, खस्ताहाल हो गई। उसका नाम भी बदलकर यमराज ट्रैवल्स हो गया और वह सभी यात्रियों को लेकर यमलोक चली गई। वहीं पीछे, बहुत दूर, धीमी गति से सरस्वती ट्रैवल्स चलती रही। उसके यात्रियों को असुविधा की आदत हो गई थी। लेकिन देवी सरस्वती से ज्ञान प्राप्त कर वे विद्वान और परिश्रमी बन चुके थे। कुछ वर्षों बाद वह बस वहाँ पहुँची जहाँ देवी लक्ष्मी अपनी बस से उतरी थीं। वे वहाँ इंतज़ार कर रही थीं।

लक्ष्मी जी को देखकर देवी सरस्वती ने बस रोककर कहा–

"प्रणाम देवी लक्ष्मी, मैं आपका स्वागत करती हूँ।"

फिर क्या था – देवी लक्ष्मी भी उनके बगल वाली सीट पर आकर बैठ गईं। बस उसी धीमी गति से आगे चल पड़ी। लेकिन थोड़ी ही देर में वह सुपर-लक्ज़री बस में बदल गई। उसमें सारी सुविधाएँ आ गईं। यात्री भी प्रसन्न हो गए, लेकिन उन्होंने अपना मस्तिष्क स्थिर बनाए रखा। उन्हें देवी सरस्वती से परम ज्ञान तो मिल ही चुका था। अब समय के साथ देवी लक्ष्मी ने भी अपना आशीर्वाद दे दिया। उनकी यात्रा सुखमय और लंबे समय तक चलती रही।

यह कहानी न किसी पौराणिक ग्रंथ से ली गई है, न ही वास्तविक है। यह केवल एक काल्पनिक कथा है जिसका उद्देश्य आपको समय का महत्व समझाना है। जो चतुर और चालाक मनुष्य होते हैं, बिना मेहनत और कर्म के

धन पाना चाहते हैं, हमेशा धन की चाह में रहते हैं, शॉर्टकट से पैसे कमाना चाहते हैं – वे धन के आकर्षण में बह जाते हैं। यही कारण है कि ज़्यादातर लोग लक्ज़री बस लक्ष्मी ट्रैवल्स में बैठ गए।

वहीं, सरस्वती ट्रैवल्स में आधी खाली सीटें थीं – यह दर्शाता है कि ज्ञान के पीछे कितने कम लोग जाते हैं। ज्ञान प्राप्त करना और परिश्रम करना हर किसी को अच्छा नहीं लगता। लेकिन जिन्होंने ज्ञान को चुना, यात्रा में कठिनाइयाँ सही, सफर धीमा और लंबा था–समय के साथ देवी लक्ष्मी भी वहीं आ गईं। अर्थात, जो लोग मेहनत करते हैं, कठिन रास्ता नहीं छोड़ते, और ज्ञान प्राप्त करते हैं, उन्हें ज्ञान तो कभी नहीं छोड़ता, और बाद में धन भी मिल जाता है।

वहीं जो लोग खाली बैठे रहे, सरस्वती ट्रैवल्स में भी नहीं चढ़े–ऐसे लोग जीवन में कुछ करना ही नहीं चाहते। न परिश्रम, न मेहनत, न कर्म–सिर्फ़ भाग्य के भरोसे कि "वो आएगा और हमारा जीवन बदल देगा"। लेकिन भाग्य नहीं आता। इसलिए कहा जाता है–भाग्य को बदलने के लिए पहले खुद को बदलना पड़ता है, तभी हमारा समय बदलता है। अब इस कहानी को समझते हुए, आप भी अपनी मौलिक बुद्धि से परिश्रम करते हुए अपने जीवन और समय को समय रहते बदलिए।

5

शिक्षा

शिक्षा हमारे जीवन का प्रारंभिक और मूलभूत स्तम्भ है, जिसे अंग्रेज़ी में फ़ाउंडेशन कहते हैं। इसलिए शिक्षा को अतिमहत्त्वपूर्ण माना गया है और हर मनुष्य की शिक्षा की नींव मज़बूत होनी चाहिए। शिक्षा जीवन-स्तर और अपनी बौद्धिक क्षमता को बढ़ाने का एक माध्यम है। शिक्षा मुख्यतः दो प्रकार की है –

एक, स्कूली शिक्षा, जहाँ हम अपने ज्ञान और बुद्धिमत्ता को बढ़ाते हैं; दूसरी, स्कूल–कॉलेज के बाद की शिक्षा, जो हमारा जीवन बनाती है और हमें किताबों के ज्ञान से आगे हर कुछ सिखाती है, अनुभव देती है, दुनिया का डटकर मुकाबला करना और जीना सिखाती है।

पहले हम बात करते हैं स्कूली शिक्षा की। हम पैदा होते हैं; हमें एक मानव जीवन मिलता है, लेकिन उसे सही ढंग से जीने के लिए बचपन से ही शिक्षा आवश्यक है। यह हम सबको पता है कि पढ़ाई कितनी ज़रूरी है, उसका कितना महत्त्व है; लेकिन सार्थक शिक्षा क्या होती है, उसके बारे में न तो कोई सोचता है और न ही कोई बात होती है। एक बच्चा जब स्कूल जाता है तब ‘क, ख, ग’ और ‘A, B, C, D’ से शुरुआत करता है। इसके साथ उसे बुनियादी शिक्षा दी जाती है–जैसे सुबह जल्दी उठना, ब्रश करना, नहाना, प्रार्थना करना, आज्ञाकारी बनना आदि–जो एक बच्चे के लिए आवश्यक भी हैं।

लेकिन वर्तमान शिक्षा-व्यवस्था बच्चों के लिए बेहद चिंताजनक है, क्योंकि हिन्दुस्तान के लगभग हर स्कूल में एडमिशन के लिए छोटी से छोटी कक्षा हेतु आयु-सीमा निर्धारित कर दी गई है। यह बिल्कुल अनुचित है, जबकि कहा जाता है कि पढ़ने की कोई उम्र नहीं होती। आज आप पाँच वर्ष के बच्चे के एडमिशन के लिए भी किसी स्कूल में जाएँ, तो कहते हैं – "आइ एम सॉरी, आपके बच्चे की आयु ज़्यादा है।" और सरकारी स्कूलों की हालत से तो आप भली-भाँति परिचित हैं।

ये तो पहला पड़ाव है। उसके बाद बच्चे की लिखित परीक्षा या साक्षात्कार के बाद, उसमें पास होने पर ही एडमिशन दिया जा रहा है। यह क्यों और किसकी मर्ज़ी से किया जा रहा है? क्या भारत में इस प्रक्रिया के लिए कोई क़ानून या प्रावधान है? कोई इस बारे में बात ही नहीं करता। आप स्वयं सोचिए–क्या यह बच्चे की उम्र है साक्षात्कार या लिखित परीक्षा देने की? वह भी शुरुआती शिक्षा हासिल करने के लिए! जो वह सीखने के लिए स्कूल में प्रवेश लेना चाह रहा है, उसी एडमिशन के पहले उसे स्वयं या माता-पिता से सीखकर परीक्षा पास करनी पड़ रही है, जबकि हर बच्चे का मानसिक व्यवहार और स्तर अलग होता है। इस आयु में उसे इस आधार पर तौलना और चयन करना कतई उचित नहीं है।

कुछ स्कूल तो इससे भी दो कदम आगे हैं – वे माता-पिता का भी साक्षात्कार लेते हैं। यदि कोई अभिभावक कम-शिक्षित या अशिक्षित हैं और अपने बच्चे को अच्छी शिक्षा देना चाहते हैं, तो इस प्रक्रिया से वे अपने बच्चे को पढ़ा ही नहीं सकते।

उसके बाद बच्चों के एडमिशन हो जाते हैं, फिर उन्हें ग्रेड सिस्टम के भँवर में फँसा दिया जाता है – A+, A; उसके नीचे B या C ग्रेड–जो न स्कूलों को पसंद है, न अभिभावकों को। याद रखें, शैक्षिक सफलता या असफलता मापने का पैमाना चाहे ग्रेड हो, लेकिन कोई B या C ग्रेड लाने वाला छात्र जीवन की शिक्षा में असफल हो, यह ज़रूरी नहीं है। अच्छी ग्रेड लाना बिल्कुल अच्छी बात है, लेकिन न लाने का मानसिक दबाव बच्चे के दिल-दिमाग में भय पैदा करता है।

स्कूल अपनी रेटिंग की चिंता करता है तो अभिभावक अपने सोशल स्टेटस की! जबकि उसी समाज में आपके ग्रेड की एक-दो बार चर्चा हो सकती है, लेकिन किसी को कोई फ़र्क़ नहीं पड़ता, और अगर पड़ता भी है तो उससे हमें कोई फ़र्क़ नहीं पड़ना चाहिए कि वह व्यक्ति क्या सोचेगा। स्कूल या कॉलेज में टॉप करने वाले छात्र की ख़बर अख़बार, मीडिया, न्यूज़ में आ जाए–यह उस छात्र को जीवन भर याद रहेगा, लेकिन समाज उसकी दो दिन चर्चा करके नाम भी भूल जाता है।

अर्थात आपकी सफलता सामाजिक रूप से अस्थायी है, तो असफलता को भी माता-पिता को अस्थायी मानकर बच्चों से व्यवहार करना चाहिए। वास्तविक जीवन में कुछ भी स्थायी या अस्थायी नहीं है। आपका बच्चा यदि आज अच्छी रैंक लाता है, तो यह ज़रूरी नहीं कि हमेशा लाएगा। ऐसे ही यदि आपका बच्चा आज अच्छी रैंक नहीं लाता है, तो यह ज़रूरी नहीं कि कभी नहीं लाएगा। हर माता-पिता चाहते हैं कि मेरा बेटा या बेटी हमेशा प्रथम आए, सबसे सर्वश्रेष्ठ हो; लेकिन उन हर माता-पिता से उनके माता-पिता ने भी यह उम्मीद रखी होगी। लेकिन क्या आपने कभी यह आकलन किया कि आप हमेशा ही सर्वश्रेष्ठ थे, औसत थे या असफल थे, और जीवन में आज कहाँ खड़े हैं?

मैं यह नहीं कहता कि अपने बच्चों से अपेक्षा मत रखिए, लेकिन चाहने और होने में अंतर होता है। मायने रखता है तो सिर्फ़ प्रयास, और उसमें माता-पिता और बच्चे–दोनों को कोई कमी नहीं छोड़नी चाहिए।

किताबी ज्ञान तो जीवन में ज़रूरी है ही–जिसमें गणित और विज्ञान तो सामान्य जीवन में काम आता ही है–साथ ही ज़रूरी है प्रैक्टिकल, अर्थात वास्तविक रूप से सिखाना। जापान के स्कूलों में बच्चों को अपने जूठे बर्तन धोना, आयु के अनुसार घर के छोटे-मोटे काम करना, अपना टॉयलेट स्वयं साफ़ करना–ये सब बचपन से सिखाया जाता है। यह सारे कार्य अनुशासन की श्रेणी में आते हैं।

सप्ताह या महीने में एक दिन ही सही, यह प्रैक्टिकल गतिविधियाँ हमारे स्कूलों में भी करवाई जानी चाहियें। इसे अभिभावकों या स्कूलों को हीनभावना या घृणित कार्य से जोड़कर नहीं देखना चाहिए। आज हमारे देश

में शिक्षा का स्तर तो बढ़ रहा है, परंतु 90 प्रतिशत घरों में छोटे बच्चे एक पानी का गिलास तक स्वयं नहीं भरते; जबकि पहले भारत में, जब बहुत अशिक्षा थी, तब भी बच्चों से घर के काम करवाए जाते थे, उन्हें सिखाया जाता था।

अर्थात स्कूली शिक्षा के साथ-साथ बेसिक शिक्षा भी जीवन में अत्यंत आवश्यक है। इससे व्यक्तिगत आत्मनिर्भरता बढ़ती है। जैसे माता-पिता अपने दो वर्ष के बच्चे का हाथ पकड़कर चलना सिखाते हैं, लेकिन पाँच वर्ष का होने पर उसका हाथ छोड़ देते हैं–ठीक उसी प्रकार दैनिक और आवश्यक कार्यों में भी उनका हाथ छोड़ना चाहिए। बच्चा दस बार, सौ बार ग़लत करेगा, लेकिन सीखेगा और उसमें काम करने की आदत विकसित होगी।

मैंने अपने जीवन में ऐसे 40 वर्ष आयु के कई स्त्री-पुरुष देखे हैं, जिन्हें सब्ज़ी लेना या दैनिक कार्य करना तक नहीं आता। शायद आप भी ऐसे लोगों से परिचित होंगे, या स्वयं भी हो सकते हैं। ऐसा इसलिए होता है क्योंकि उनमें बचपन से ये आदतें विकसित ही नहीं की गईं। वहीं, कोई 50 वर्षीय स्त्री-पुरुष भी वर्तमान टेक्नोलॉजी को अपनाकर उसका पूरा उपयोग कर रहे हैं – जबकि उन्होंने 40 वर्षों तक उसका कोई उपयोग नहीं किया था!

बात है केवल एडॉप्शन की। आप ज़रूरत की आदत नहीं अपनाएँगे तो आपकी निर्भरता बढ़ेगी ही। आप तकनीक को कितना भी अपना लें, जीवन में बेसिक शिक्षा अतिआवश्यक है। वर्तमान आर्टिफ़िशियल इंटेलिजेंस आपको हर काम करके नहीं दे सकती। आप चाहे कितने भी मशीन या रोबोट घर पर लगा लें – उसे पानी भरने के लिए भी कमांड देनी होगी, टाइमर लगाना होगा, या उसकी बैटरी चार्ज करनी होगी – लेकिन ज़रा-सी देर में आप स्वयं ये कार्य कर सकते हैं, वह भी बिना किसी अतिरिक्त ख़र्च के।

याद रखिए–तकनीक, AI, मशीन और रोबोट–ये सब मनुष्य ने बनाए हैं; लेकिन आपके जैसा रोबोट (मनुष्य) केवल ईश्वर ने बनाया है। इसलिए इसे समझें और स्वीकार करें कि मशीनें आपकी ज़रूरत हैं, पर ज़िंदगी नहीं। इसीलिए हर बच्चे के लिए बचपन में बुनियादी शिक्षा ज़रूरी है।

फिर बारी आती है हमारे बड़े होकर जीवन की असली शिक्षा लेने की! असली शिक्षा तो स्कूल–कॉलेज के बाद शुरू होती है, जब ज़िंदगी हमें सिखाती है कि हमें क्या करना है–नौकरी या व्यवसाय।

उसे हासिल करने के लिए इंसान जी-तोड़ मेहनत करता है। युवावस्था जीवन का वह पड़ाव है, जहाँ आप यह निश्चय करते हैं कि अपने जीवन को किस मोड़ पर ले जाएँगे। एक रास्ता होता है संघर्ष का और दूसरा होता है विलासिता का। वर्तमान परिदृश्य में विलासिता का प्रतिशत अधिक है, क्योंकि इस काम में मेहनत नहीं है। युवा सोचते हैं कि बड़ी मुश्किल से तो पढ़ाई-लिखाई से पीछा छूटा है; जबकि वे यह भूल जाते हैं कि यही आयु ऊर्जावान है। वे इसे नष्ट कर देते हैं और अपना भविष्य अंधकारमय बना लेते हैं – फिर शिकायत करते हैं कि जीवन ने हमें मौके ही नहीं दिए।

जबकि जो लोग संघर्ष का रास्ता चुनते हैं, वे असल जीवन की शिक्षा हासिल करते हैं–चुनौतियों का सामना करते हैं, हालातों से लड़ते हैं, गिरते हैं और सँभलते हैं। यह शिक्षा हमें शारीरिक और मानसिक रूप से मज़बूत बनाती है। किसी एक व्यक्ति की सफलता एक परिवार में उदाहरण बन सकती है, और असफलता स्वयं के लिए अनुभव देती है।

जीवन में अच्छा या ख़राब घटता रहता है, लेकिन हमें ज्ञान और अज्ञान में भेद करना सीखना होगा। कहते हैं, एक तलवार किसी का भी सिर काट सकती है; लेकिन उसे चलाने के लिए भी एक मनुष्य ही उसे अपने हाथ में उठाता है – फिर भी बदनाम तो तलवार ही होती है। इसी प्रकार एक कलम से महान इतिहास भी लिखा जा सकता है, या किसी व्यक्ति की व्यक्तिगत मानसिकता के अनुसार उसी इतिहास को तोड़-मरोड़कर भी लिखा जा सकता है। यह एक सटीक उदाहरण है कि आप अपने पास उपलब्ध साधनों-संसाधनों का सदुपयोग करते हैं या दुरुपयोग।

शिक्षा हमारी सोच को विकसित करती है, सही-ग़लत का निर्णय करने में सहायक होती है; लेकिन अच्छी नीयत हममें माता-पिता द्वारा बचपन से ही दी गई सीख और आदतों के द्वारा विकसित होती है, या कोई बड़े होकर खुद से अथवा आसपास के वातावरण से भी इसे अपना सकता है। किंतु शिक्षा और नीयत में ज़मीन–आसमान का अंतर है–एक अति-शिक्षित IAS स्तर का व्यक्ति भी बेईमान हो सकता है, और एक ठेला चलाने वाला अशिक्षित व्यक्ति भी ईमानदार हो सकता है।

जीवन की शिक्षा के सिद्धांत में नियम और शर्तें हमारे मुताबिक नहीं होतीं, किंतु जो हमारे हाथ में है, उसके लिए हम अपने नियम और शर्तें बना सकते हैं – जिसमें सही या ग़लत, किसी का हित या अहित, सत्कर्म या दुष्कर्म का दायरा तो तय कर ही सकते हैं। जीवन में मृत्यु तक बाधाएँ आती ही रहेंगी।

इसे हम वीडियो गेम से भी समझ सकते हैं – जहाँ हम बाधाएँ पार करके ही एक-एक लेवल जीतते जाते हैं। लेकिन जीवन का अंत वीडियो गेम जैसा नहीं है कि आप सारे लेवल पार करके विजयी ही होंगे। आप 100 वर्ष जिएँ या 200 वर्ष, मृत्यु तो आएगी ही और फिर ज़िंदगी का "गेम ओवर" हो जाएगा।

मायने यह रखता है कि आप जब तक जिए, किस तरह संघर्षों का सामना किया। हमारा जीवन साँप-सीढ़ी के खेल की तरह है – जहाँ सफलता की सीढ़ियाँ भी आएँगी और असफलता के साँप भी आएँगे; लेकिन खुद को नेवले की तरह बनाइए, ताकि 99 पर भी आपको साँप डसने आए तो उसका डटकर मुकाबला कर सकें। ये वीडियो गेम और साँप-सीढ़ी के उदाहरण हमें जीवन की शिक्षा लेने के लिए प्रेरित करते हैं।

जैसे हर प्रॉडक्ट पर उपयोग हेतु दिशानिर्देश लिखे होते हैं, उसी प्रकार जीवन में हमें परिस्थिति के अनुसार सही निर्णय लेते हुए आगे बढ़ना चाहिए। लेकिन विपरीत परिस्थिति में भी सही निर्णय लेना बहुत मायने रखता है। जैसे हर प्रॉडक्ट पर 'एक्सपायरी डेट' लिखी होती है और उसे हम समाप्ति के बाद इस्तेमाल नहीं करते, वैसे ही सबको अंतर्मन से यह पता होता है कि वे जो कर रहे हैं, वह सही है या ग़लत।

परिणाम जानते हुए भी लोग ग़लत करते हैं, फिर पकड़े जाने पर अपनी ही ग़लती को न्यायोचित भी ठहराते हैं। ग़लती होने पर क्षमा माँगना और खुद को सुधारना बहुत अच्छी बात है; लेकिन ग़लती करके उसे सही ठहराना और यह उम्मीद करना कि दूसरा व्यक्ति आपकी ग़लती को सहता रहे–यह मानवता ही नहीं है।

स्कूल हमारे लिए अतिआवश्यक हैं; इसीलिए तो हम उन्हें शिक्षा का मंदिर, ज्ञान का मंदिर कहते हैं, और इस मंदिर से मिला प्रसाद जीवन को सुखमय बना देता है।

स्कूल की परीक्षा एक तय सिलेबस में से ही होती है, लेकिन जीवन की परीक्षा हमेशा आउट ऑफ़ सिलेबस ही होती है। इसलिए दोनों को समझदारी से हल कीजिए और जीवन का आनंद लीजिए।

6

मित्र

'मित्र' – कितना प्यारा शब्द, और उससे भी महत्वपूर्ण इसके मायने! इसके कितने नाम हैं–जैसे दोस्त, यार, बंधु, भाई, फ्रेंड, ब्रो, सखा और भी कई उपनाम, जिनसे आप अपने मित्र को पुकारते, बुलाते या चिढ़ाते हैं।

जीवन में लोगों के कई मित्र होते हैं – किसी के कम, किसी के ज़्यादा; किसी के कई परम मित्र, तो किसी का केवल एक परम मित्र; किसी के बचपन के मित्र, किसी के जवानी के मित्र, किसी के बुढ़ापे के मित्र; किसी पुरुष की महिला मित्र या किसी महिला का पुरुष मित्र–जिसे आधुनिक भाषा में 'गर्लफ्रेंड' या 'बॉयफ्रेंड' कहते हैं। कुछ लोगों का बाहरी दुनिया में कोई मित्र नहीं होता, परंतु हर इंसान–चाहे पुरुष हो या महिला–का एक सबसे परम मित्र होता है, और वह है उसका 'मन'।

मन हमें बहुत अच्छे से जानता है–हमारा चरित्र, हमारी आदतें, हमारी अच्छाइयाँ, हमारी बुराइयाँ, हमारी ताक़त, हमारी कमज़ोरी, सही-ग़लत, लाभ-हानि, अपना-पराया–सब कुछ। लेकिन यही मन हमारा परम शत्रु भी बन सकता है, अगर उसे नियंत्रण में न रखा जाए तो! यही मन है जो हमसे ग़लत काम भी करवाता है। शास्त्रों में इसे छठी और सबसे महत्वपूर्ण इंद्रिय कहा गया है। तभी तो कहते हैं – "मन के हारे हार और मन के जीते जीत"।

हमारा मन अगर सही दिशा में चल रहा हो, अच्छा काम कर रहा हो, तो उसे इतना नियंत्रण में रखो कि उसमें अहंकार न आ जाए। और मन यदि ग़लत दिशा में चल रहा हो, तो उसे इतना समझाओ कि "तू चाहे जो कह ले, मैं यह नहीं करूँगा।" सांसारिक जीवन में पृथ्वी पर रहने वाला कोई भी मनुष्य अपने मन को पूरी तरह नियंत्रित नहीं कर सकता। कोई साधु-संन्यासी ही होगा जो घोर तपस्या करके खुद को इतना दृढ़ बना लेता है कि उसका मन उसके नियंत्रण में होता है; वरना 'माया' ने तो अच्छे-खासे ऋषियों के मन को भी भ्रमित करके उनकी तपस्या भंग कर दी थी।

लेकिन हम, संसार में रहने वाले मनुष्य, अपने मन को इतना तो नियंत्रित कर ही सकते हैं कि इससे किसी का अमंगल या अहित न हो। आप किसी का हित नहीं कर सकते–मत कीजिए–पर भूल से भी किसी का अहित न होने पाए, इतना दृढ़ बनाना है मन को। तो मन-रूपी मित्र को अपना सच्चा मित्र बनाइए, जीवन बहुत सार्थक हो जाएगा। अब इस मन को ऑरिजिनल इंटेलिजेंस से चलाना है या आर्टिफ़िशियल इंटेलिजेंस से–यह आपके ऊपर निर्भर करता है।

अब बात करते हैं बाहरी दुनिया के मित्रों और मित्रता की। आजकल मित्रता की परिभाषा काफ़ी बदल गई है, कई लोग मानते हैं कि सच्चा मित्र तो वही है जो साथ बैठकर शराब पिए या कुसंग करे, नहीं तो मित्रता पर शक किया जाता है। वर्तमान में मित्रता अक्सर फ़ायदा-नुकसान देखकर की जाती है, और स्वार्थ पूरा होते ही ख़त्म हो जाती है।

सच्चा मित्र वह है जो ग़लत करने से रोके, किसी अनुचित काम के लिए 'ना' कहे–ऐसा नहीं कि "तू कर, मैं तेरे साथ हूँ।" मित्रता में 'ना' कहने और सुनने की क्षमता होनी चाहिए। उदाहरण के लिए, आपके मित्र ने आपको कहीं घूमने के लिए कहा, लेकिन उस समय आपकी उचित परिस्थिति या पर्याप्त समय नहीं है, तो आप 'ना' कह दें और आपका मित्र आपकी 'ना' को समझते हुए आदर्श व्यवहार करे।

चाहे कोई माने या न माने, यह कटु सत्य है कि आजकल 10 में से 8 मित्र केवल उधार लेने या व्यक्तिगत ज़रूरत पूरी करने के लिए बने होते हैं – सोचते हैं, "यह मुझे पैसे उधार देगा, मेरा काम करवा देगा, मुझे अपनी गाड़ी देगा, शराब पिलाएगा, मेरे ऊपर ख़र्च करेगा।" मित्रता में यह सब हो

सकता है, लेकिन मन में यह भाव रखना कि "मेरा मित्र है, तो यह सब करेगा ही" – यह मित्रता नहीं है।

आज अगर कोई मित्र पैसे उधार देने से मना कर दे, तो दूसरा मित्र तुरंत नाराज़ होकर दोस्ती तोड़ने लगता है। मित्र से 'ना' सुनने का भाव ही नहीं है लोगों में। यह भी सोचना चाहिए कि उसकी भी ज़रूरतें हैं, ख़र्चे हैं, ज़िम्मेदारियाँ हैं; हमारी तरह उसका भी परिवार है। यदि वह 'ना' कह रहा है, तो उसमें बुरा मानने की कोई बात नहीं।

और क्या मित्रता का रिश्ता केवल पैसों तक सीमित रह गया है? मान लीजिए, किसी ने अपने मित्र को पैसे उधार दे भी दिए और कहा कि इतने समय में लौटा देना–तो लेने वाले की ज़िम्मेदारी बनती है कि समय पर लौटा दे। मित्र रिश्ते की वजह से ज़रूरत होने पर अपने पैसे वापस माँगने में भी संकोच करता है, और लेने वाले मित्र को कोई फ़र्क नहीं पड़ता–वह शायद भूल भी जाता है कि पैसे लौटाने हैं।

आज इस तरह की मानसिकता के लोग अधिक हैं। सच्चा दोस्त वही है जो मुसीबत में काम आए, बुरे वक़्त में साथ खड़ा हो–और यह हर दोस्त को करना चाहिए। लेकिन ली हुई आर्थिक सहायता समय रहते लौटा देनी चाहिए, इससे आपसी विश्वास बना रहता है।

मित्र वह बनिए कि आपके फ़ोन करते ही आपका मित्र प्रसन्न हो जाए, न कि आपका फ़ोन आते ही वह आपको नज़रअंदाज़ करने लगे या उत्तर ही न दे–वरना मित्रता का अनमोल रिश्ता बिगड़ते देर नहीं लगती।

मित्र का अच्छे और बुरे समय में, संकट में साथ अवश्य दीजिए, पर बुरा करने में बिल्कुल मत दीजिए; बल्कि ज़िम्मेदार दोस्त की तरह उसे समझाइए कि यह बात ग़लत है, इसे मत करो। मैं न इस काम में तुम्हारा साथ दूँगा, न ही तुम्हें करने दूँगा। आज के समय में लोग मित्र की बुराइयों से ज़्यादा आकर्षित होते हैं, लेकिन ऐसे शत्रुओं से हमें दूर रहना चाहिए, क्योंकि ऐसी मित्रता वस्तुतः शत्रुता है। कहते हैं न–दोस्त की संगत ही मनुष्य का जीवन बनाती या बिगाड़ती है – तो जीवन में हमें संगत कैसी रखनी है, इस पर अवश्य विचार कीजिएगा।

दोस्ती पर बॉलीवुड में कई फ़िल्में बनी हैं, बहुत उदाहरण हैं, जिनमें एक प्रसिद्ध फ़िल्म 'शोले' भी है, जिसमें जय और वीरू की दोस्ती की कहानी है। यह कहानी मनोरंजन के लिए तो अच्छी है, पर काम तो दोनों का ग़लत ही है और उसका नतीजा भी अंत में ग़लत ही होता है। वहीं, 1964 में हिंदी फ़िल्म 'दोस्ती' आई थी, जिसे हर किसी को देखना चाहिए कि दोस्त कैसा होता है, एक सच्चा दोस्त कैसे साथ देता है, दोस्ती कैसे निभाई जाती है। दोस्ती में लालच या स्वार्थ नहीं, केवल निःस्वार्थ प्रेम और समर्पण होना चाहिए। यह फ़िल्म यूट्यूब पर ब्लैक-एंड-व्हाइट में उपलब्ध है, आप इसे निःशुल्क जब चाहें देख सकते हैं।

आजकल ऑनलाइन मित्रता का बड़ा चलन है। सोशल मीडिया प्लेटफ़ॉर्म्स पर लोग हज़ारों फ्रेंड्स बनाए बैठे हैं, लेकिन वास्तविक उम्मीदें भी उन्हीं से लगाए बैठे हैं। याद रखिए–सोशल मित्रों और वास्तविक मित्रों में बहुत अंतर होता है। आप अपने घायल होने या अस्वस्थ होने की सूचना सोशल मीडिया पर देते हैं (वैसे तो देना नहीं चाहिए, न ही उसका कोई औचित्य है), तो आपके हज़ार में से नौ सौ मित्र 'गेट वेल सून' लिख देंगे, लेकिन नौ सौ में से एक भी आपसे मिलने तक नहीं आएगा; जबकि वास्तविक मित्र उस समय आपके साथ अस्पताल में बिस्तर के बगल में बैठा आपको हँसा रहा होगा, आपके भोजन और दवाओं का इंतज़ाम कर रहा होगा। इसलिए सोशल मीडिया प्लेटफ़ॉर्म पर रहिए, लेकिन सोशल कुछ हद तक ही रहिए। जीवन की कुछ बातों को, वस्तुओं को, और स्वयं को निजी रखना चाहिए, वर्ना आप लाइक्स और कमेंट्स पाने की माया में ही उलझे रहेंगे, पर वास्तविक साथ और सुख कभी नहीं मिलेगा।

तो मन-रूपी मित्र को समझा-बुझाकर रास्ते पर ले आइए, क्योंकि वह आख़िरी साँस तक आपके साथ ही रहेगा। और बाहरी जीवन में वास्तविक मित्र को पहचानिए, क्योंकि बेस्ट फ्रेंड या सर्वश्रेष्ठ मित्र परखने का कोई मापक नहीं है; यह आपकी स्वयं की बुद्धिमत्ता पर निर्भर करता है और आप अपनी सोच के अनुसार मित्र का चयन करते हैं।

मैं यहाँ कुछ मित्रों के प्रकार बता रहा हूँ – आपके भी इस प्रकार के मित्र ज़रूर होंगे, और इन प्रकारों में से आप भी उनके मित्र होंगे :

1. केवल ख़ुशी के मौक़े पर दिखाई देने वाले मित्र
2. दुःख एवं मुसीबत के समय तुरंत आने वाले मित्र
3. हर काम के लिए केवल 'हाँ' कहने वाले मित्र
4. कुछ कहे बिना काम करने वाले मित्र
5. हमेशा उपलब्ध रहने वाले मित्र
6. कभी भी उपलब्ध न रहने वाले मित्र
7. हमेशा फ़ायदा उठाने वाले मित्र
8. हेराफेरी करने वाले मित्र
9. केवल काम का प्रयास करने वाले मित्र
10. केवल ग़लत आदतें सिखाने वाले मित्र
11. कभी अपनी जेब में हाथ न डालने वाले मित्र
12. हमेशा अपनी जेब में हाथ डालने वाले मित्र

इसके अलावा भी और कई प्रकार के मित्र होते हैं। लेकिन आप कृष्ण-सुदामा की मित्रता से सीखें, और फ्रेंडशिप डे पर मित्र के हाथ पर बैंड बाँधें या न बाँधें, परंतु मुसीबत में मित्र का हाथ सदैव थामें।

7

पैसा

'पैसा' – कितना आकर्षक शब्द है! नाम सुनते ही सबको एक खुशनुमा एहसास करा देता है। इसके कितने नाम हैं – पैसा, रुपया, धन, रकम, दौलत, अर्थ, मनी इत्यादि। डॉलर, यूरो, पाउंड, येन, बिटकॉइन, ई-वॉलेट, गिफ़्ट कार्ड, कैशबैक – ये सब इसके रूप हैं।

पैसा मनुष्य जीवन का केंद्र-बिंदु है; यही जीवन-चक्र चलाता है। यह न हो तो विश्वभर में अराजकता फैल जाएगी, क्योंकि वर्तमान में वस्तु के बदले वस्तु का विनिमय असंभव है। इसलिए हर देश की सरकार ने अपनी-अपनी मुद्रा बनाई, जिसके चलन से देश और दुनिया का काम चल सके।

पैसा चुंबक से भी ज़्यादा शक्तिशाली है – यह हम सबको अपनी तरफ खींचता है। क्यों? क्योंकि यह हमारी ज़रूरत है। इसके बिना इंसान का कोई वजूद नहीं, कोई पूछ-परख नहीं, कोई सम्मान नहीं, कोई सपना नहीं, कोई अपना नहीं, कोई सुख-सुविधा नहीं, कोई खुशियाँ नहीं।

लोग कहते हैं कि पैसा ही सब कुछ नहीं होता, लेकिन इस दुनिया में पैसे के बिना कुछ भी नहीं होता। मनुष्य के जन्म से लेकर मृत्यु तक पैसा चाहिए– पैसे का मीटर हमेशा चालू रहता है। जन्म से पहले ही, जब गर्भ में मनुष्य की पुष्टि होती है, तभी से अस्पताल में पैसा लगता है; और जब मनुष्य की मृत्यु होती है तो कफ़न के लिए, दाह-संस्कार के लिए, लकड़ी के लिए–हर जगह पैसा लगता है। सिर्फ़ ईश्वर के द्वार पर आपको पैसा नहीं देना पड़ता–वहाँ सिर्फ़ आपके कर्मों का हिसाब होता है।

अगर वहाँ भी यह व्यवस्था होती, तो कहावत बदलकर यह होती– “कुछ साथ लेकर नहीं आया था, लेकिन जाऊँगा सब साथ लेकर”।

दुनिया में लोगों ने पैसों को लेकर यह धारणा बना रखी है कि पैसों से सुख खरीदा नहीं जा सकता, पैसों से खुशियाँ नहीं खरीदी जा सकतीं–जबकि असल में पैसा उन्हें भी चाहिए। पैसों से क्या कुछ नहीं खरीदा जा सकता! अन्य सुख-सुविधाओं को तो छोड़िए–रोटी, कपड़ा और मकान भी बिना पैसे के नहीं मिलते। पैसे से सुविधा की हर भौतिक वस्तु खरीदी जा सकती है। उस सुविधा के उपभोग से हमें भौतिक सुख की अनुभूति होती है, जिससे आनंद और खुशी भावनाओं के माध्यम से महसूस होती है।

सांसारिक और पारिवारिक जीवन में पैसे से ही खुशियाँ और सुख प्राप्त किया जा सकता है – खरीदते तो हम वस्तुएँ और सेवाएँ ही हैं, लेकिन उन वस्तुओं और सेवाओं को लाने का माध्यम पैसा ही है। केवल एक सन्यासी व्यक्ति ही कह सकता है कि “पैसा ही सब कुछ नहीं है”, क्योंकि वह पारिवारिक और सांसारिक जीवन छोड़ चुका है–काम, क्रोध, लोभ, मोह-माया सब त्याग चुका है। सनातन संस्कृति में वह अपना पिंड-दान तक कर चुका होता है, भौतिक वस्तुएँ और सुख के साधन छोड़कर प्रभु-भक्ति में लीन हो जाता है।

उसे परिवार का भरण-पोषण नहीं करना, किसी को कोई उत्तर नहीं देना, कोई जवाबदारी नहीं, कोई ज़िम्मेदारी नहीं; किन्तु पारिवारिक जीवन में बहुत-सी ज़िम्मेदारियाँ होती हैं। यदि आप अकेले भी हैं और सांसारिक जीवन में हैं, तो भी आपको दो वक़्त के भोजन के लिए पैसा चाहिए ताकि आप जीवित रह सकें।

दुनिया में ऐसा एक भी व्यक्ति नहीं होगा जो सांसारिक जीवन में सौ दिनों तक बिना खाए सुखी, खुश या स्वस्थ रह सके। खुशी और सुख कोई भौतिक वस्तु नहीं हैं – ये केवल मन से उत्पन्न होती हैं और उनकी अनुभूति की जाती है। सुख और दुःख को पैसों से नहीं जोड़ा जा सकता, पर पैसों से मन की स्थिति बदली जा सकती है।

उदाहरण के लिए–यदि आपको कोई शारीरिक रोग है, उसमें दर्द होता है, जिससे आप दुःख का अनुभव करते हैं लेकिन पैसों से उस रोग का इलाज

करके आपका दर्द खत्म हो जाता है तो आप सुख का अनुभव करते हैं। वहीं, यदि आपके जीवन में पचास तरह की समस्याएँ हैं और आपके पास पैसा नहीं है, तो आप उन्हीं समस्याओं से घिरे हुए मानसिक रूप से दुःख का अनुभव करेंगे। बेशक पैसों से सब कुछ नहीं खरीदा जा सकता–जैसे लाइलाज बीमारियों से छुटकारा, अच्छे रिश्ते, वफ़ादार इंसान–लेकिन जीवन-पर्यंत आपको इनके अलावा लगभग सब कुछ पैसों से ही मिलेगा।

पैसा कमाना कोई बुरी बात नहीं है–मेहनत कीजिए और बहुत, बहुत सारा, अथाह पैसा कमाइए; किन्तु एक सिद्धांत बना लीजिए–धन से ज़्यादा कर्म को प्रधानता दीजिए। आपके ज्ञान में होते हुए, ग़लत तरीक़े से या अधर्म करके कमाया हुआ धन आपको कितना ही सुख दे दे, कभी न कभी, कहीं न कहीं उसका विपरीत परिणाम ज़रूर मिलेगा। हमें पैसों का महत्व और उसकी अवधारणा को समझना होगा। संतुष्टि और लालच में अंतर होता है–आप करोड़ों रुपये कमाकर संतुष्ट हैं और उसके बाद भी कमा रहे हैं, तो वह लालच नहीं है। आप 'जीवन का काम है चलते रहना' के सिद्धांत पर चल रहे हैं, फिर चाहे उन पैसों से आप समाज-कल्याण कर रहे हों या देश-कल्याण।

आज हमारे देश और दुनियाभर में कई अमीर लोग हैं, जो कमाना छोड़ भी दें और वर्षों तक हर रोज़ करोड़ों रुपये ख़र्च करें, तब भी उनकी संपत्ति ख़त्म नहीं होगी। फिर भी वे कमा रहे हैं, काम कर रहे हैं, क्योंकि मनुष्य-जीवन का नियम है–जब तक जीवित हैं, संतुष्टि के साथ काम करते रहिए।

वहीं लालच उन लोगों की अवधारणा है, जो कभी संतुष्ट होते ही नहीं। उनका ध्यान हमेशा दूसरों के धन पर रहता है – कि बिना काम किए, बिना मेहनत किए हम दूसरे का धन प्राप्त कर लें। वे हर तरह से संपन्न होते हुए भी ग़लत तरीक़े से कमाना नहीं छोड़ते–पैसे होते हुए भी किसी से लिया हुआ उधार न चुकाना, किसी गरीब से काम करवाकर उसका भुगतान न करना, दूसरे का नुकसान करके अपना फ़ायदा देखना।

इसीलिए कहते हैं – लालच एक बुरी बला है, जितनी भी पूर्ति कर लो, यह बढ़ती ही जाती है। जैसे हम सबने बचपन में एक कहानी पढ़ी थी–एक आदमी के पास एक मुर्गी थी, जो हर रोज़ एक सोने का अंडा देती थी। लेकिन

ज़्यादा लालच में उस व्यक्ति ने उस मुर्गी का पेट ही काट डाला। उसके बाद उसे न एक भी अंडा मिला और न ही मुर्गी ज़िंदा बची।

ऐसे ही जो लोग शॉर्टकट में पैसे कमाने के लालच में रहते हैं और अवैध काम करते हैं, उनके नतीजे भी अंततः बुरे ही होते हैं। आजकल लोग जल्दी पैसे कमाने के लिए ज़्यादा रिटर्न देने वाले भ्रामक विज्ञापनों और लोगों की बातों में आकर अपना सारा पैसा उसमें लगा देते हैं, और कुछ समय बाद निवेश किया हुआ पैसा भी डूब जाता है।

हम इंसानों को यह समझना होगा कि कुछ भी इतनी जल्दी या रातोंरात नहीं होता। पैसे कमाने में भी उपयुक्त समय लगता है। लेकिन लालची लोगों को जल्दी अमीर बनना है। दुनिया के सबसे धनी निवेशक वॉरेन बफ़े ने भी 19% वार्षिक से ज़्यादा रिटर्न नहीं कमाया। उन्होंने समय लगाया है–उनकी 90% संपत्ति तो उनकी 65 वर्ष की आयु के बाद अर्जित हुई है।

हमें अमीरी और गरीबी की मानसिकता को भी समझना होगा – गरीब आदमी कमाने या काम करने के बारे में नहीं सोचता, वह अमीर आदमी को देखकर पहले ही यह धारणाएँ बना लेता है कि यह तो गैरकानूनी काम करके कमा रहा है, इसे कुछ आता ही नहीं है, सब दो नंबर का पैसा है, कुछ काम करता ही नहीं है, इसका नसीब अच्छा है, लोगों को ठगकर अमीर बना है। वह मन ही मन यह सब सोचकर खुद को दिलासा देता रहता है कि अमीर आदमी ग़लत है और मैं सही हूँ, जबकि वह खुद बिना कोई मेहनत किए जीवन भर लॉटरी के टिकट खरीदता रहेगा, ऑनलाइन गेमिंग, जुआ-सट्टा, ऑनलाइन लोन, इंटरनेट पर “जल्दी अमीर कैसे बनें” वाले वीडियो देखता रहेगा, शेयर मार्केट में पैसे डबल करने वाली टिप्स लेता रहेगा, पैसे प्राप्त करने वाले अनजान लिंक्स पर क्लिक करके साइबर फ्रॉड का शिकार भी हो जाएगा, किराये की गाड़ी, उधार लिए हुए पैसे, सस्ते लोन, हैसियत से बाहर वाले शौक–सब करेगा, दुनिया को झूठी शानो-शौकत दिखाने के चक्कर में जियेगा, पर कभी मेहनत करके, कुछ सीखकर अपने दिमाग पर काम करने का प्रयास नहीं करेगा। सब मानसिकता का अंतर है। जीवन में हर चीज़ उधार में लेकर नहीं जीना चाहिए; लक्ष्य अमीर दिखना नहीं, अमीर बनना होना चाहिए।

वहीं आप अमीर लोगों का नज़रिया देखें – उनका फ़ोकस सिर्फ़ काम पर रहता है कि आमदनी कैसे बढ़ाई जाए, पैसे को कैसे ख़र्च किया जाए। वे अनावश्यक वस्तुएँ नहीं लेते हैं, परिश्रम से ज़्यादा स्मार्ट वर्क पर ध्यान देते हैं ताकि कम समय में ज़्यादा उत्पादन किया जा सके। सफल लोग ऐसे ही रातोंरात अमीर नहीं बने हैं; यह उनकी वर्षों की मेहनत है। आज दुनिया की बड़ी कंपनियाँ–अमेज़न, गूगल, माइक्रोसॉफ़्ट, फ़ेसबुक, एप्पल–कभी एक छोटे से कमरे से शुरू हुई थीं। उसके पीछे उनका यूनिक आइडिया था, एक विज़न था, और वे समय के साथ बदलाव भी करते हैं। आज भारत में कई युवा हज़ारों करोड़ का स्टार्टअप स्थापित कर चुके हैं, उसके पीछे उनकी मेहनत और स्मार्ट वर्क ही है। ऐसे ही बिना कुछ किए कोई अमीर नहीं बन जाता। गीता में स्वयं श्रीकृष्ण ने कहा है – "कर्म कर, फल की चिंता मत कर", लेकिन लोगों को बिना कर्म किए फल खाने की इच्छा है, फिर तो वह इच्छा, इच्छा ही रह जाएगी। यह 'गिव एंड टेक' की दुनिया है – कोई किसी के काम नहीं आता, अपना मोर्चा खुद ही संभालना पड़ता है। इसलिए अपनी मानसिकता और जीवनशैली बदलिए, तो जीवन बदलेगा।

जीवन में पैसा होना या न होना और उसके संतुलन को समझना बहुत ज़रूरी है – जिसके पास पैसा नहीं है, वह तो परेशान है ही; जिसके पास कम है, उसे ज़्यादा चाहिए; जिसके पास ज़्यादा है, उसे संभालने की परेशानी है। अर्थात किसी भी स्थिति में पैसा आपके दिमाग को विचलित कर ही देता है। ज़रूरत है उसके उचित प्रबंधन और संतुलन बनाए रखने की। आप जितना भी कमाते हैं, उसमें से एक निश्चित हिस्सा ख़र्च करें, फिर एक निश्चित और सही निवेश करें। पैसों को जेब और बैंक खाते में रखें, चौबीस घंटे दिमाग में नहीं। सबका प्रथम और अंतिम उद्देश्य यही है कि जीवन में पैसा हो, लेकिन आपको इसका मानसिक रूप से संतुलन हर हाल में बनाए रखना होगा, क्योंकि जीवन में कुछ भी निश्चित या स्थायी नहीं है। इसलिए जीवन में जो भी बनें, अपने लिए बनें, दुनिया को दिखाने के लिए नहीं। दुनिया में हर व्यक्ति हर दूसरे व्यक्ति को अलग और अपने नज़रिए से ही देखता है। आप किसी की मानसिकता या नज़रिया नहीं बदल सकते, और न ही कोई आपकी मानसिकता या नज़रिया बदल सकता है। पैसों के एंगल से ही सही, दूसरों के बारे में राय बनाना या आकलन करना बंद कीजिए– जीवन भर सुखी रहेंगे अन्यथा नहीं।

8

SIP (एस.आई.पी.)

आजकल हम हर जगह ये शब्द बहुत सुनते हैं – SIP, SIP, SIP। यह निवेश का बेहतर विकल्प है, यह रिटर्न भी अच्छा देता है, इसलिए हर वर्ग का व्यक्ति इससे आकर्षित होकर इसमें निवेश कर रहा है। इसका पूरा नाम सिस्टमैटिक इन्वेस्टमेंट प्लान अर्थात सुव्यवस्थित निवेश योजना है। इसके नाम में ही 'सुव्यवस्थित' शब्द है, क्योंकि इसमें निवेश किया हुआ पैसा सुव्यवस्थित ढंग से प्रबंधित किया जाता है ताकि अच्छा रिटर्न प्राप्त हो सके। इस SIP में हर एक को निवेश करना चाहिए और इसमें हर कोई निवेश कर सकता है। एक छोटा बच्चा भी अपने दैनिक ख़र्च और प्राप्त किए नक़द उपहारों को बचाकर इसमें निवेश कर सकता है। यह SIP हमें केवल निवेश करना ही नहीं सिखाती, यदि अच्छे से समझें तो यह हमें जीवन में भी सिस्टमेटिक रहना सिखाती है। जैसे इसमें आप स्वयं द्वारा चुने हुए तय समय पर निवेश करते हैं, और उसके लिए हमें पैसे चाहिए होंगे, और उन पैसों के लिए हमें SIP से पहले SLP करना चाहिए।

SLP – आइए जानते हैं SLP क्या है। SLP अर्थात सिस्टमैटिक लिविंग प्लान (सुव्यवस्थित जीविका योजना) अर्थात जीवन में हमें कैसे सुव्यवस्थित रहना चाहिए, सुव्यवस्थित जीना चाहिए, और इस योजना के लिए आपको एक रुपया भी ख़र्च नहीं करना पड़ेगा। बस अपनी जीवनशैली को व्यवस्थित बनाना होगा, अपनी कुछ आदतें सुधारनी होंगी। पहले तो अपनी प्राथमिकताएं बनानी होंगी कि क्या आवश्यक है और क्या अनावश्यक। इसे इस चार्ट से समझें –

आवश्यक	अनावश्यक
घर का राशन, बिजली का बिल, पानी का बिल, घर की EMI/ किराया (यदि हो तो), दैनिक उपयोग की वस्तुएं जैसे सब्ज़ी, दूध, अख़बार, केबल, पेट्रोल, दवाइयां, बच्चों की स्कूल/ कॉलेज फ़ीस, बीमा प्रीमियम, मोबाइल, मोबाइल रिचार्ज, कुछ अप्रत्याशित एवं अनचाहे ख़र्चे, प्राथमिकताओं को समझना, अपनी ग़लतियों में सुधार करना, हर रोज़ ईश्वर का धन्यवाद करना, खुद में अच्छा बदलाव लाना, अपेक्षाएं कम रखना एवं परिवार में हर सदस्य का उचित योगदान।	असीमित इंटरनेट, बहुत सारे OTT और गेमिंग सब्सक्रिप्शन, असीमित ऑनलाइन शॉपिंग, बिना काम की वस्तुएं ख़रीदना, बिना सोचे-समझे UPI से अतिरिक्त ख़र्चे करना, रोज़ाना या आए दिन ऑनलाइन खाना ऑर्डर करना, सौ या दो सौ मीटर दूर भी गाड़ी से आना-जाना, कई तरह की क्लब मेंबरशिप्स लेना (जिसका आप निरंतर उपयोग भी नहीं करते), शराब, सिगरेट और गुटखे जैसी आदतों पर अथाह पैसे ख़र्च करना, समय से बिलों का भुगतान न करके पेनल्टियाँ भरना, खाना बर्बाद करना, उधार लेकर शौक पूरे करना, साधन और संसाधन का दुरुपयोग करना, जीवन की प्राथमिकताओं को तय न करना, असंतुलित जीवन जीना, भविष्य के लिए बचत न करना, समयानुसार आवश्यक और उचित निर्णय न लेना, आय एवं ख़र्चों में असंतुलन रखना, बिना आवश्यकता के बिजली ख़र्च करना, दिखावे के लिए ख़र्च करना, टर्म लाइफ़ और हेल्थ इंश्योरेंस ना लेना, बिना ज़रूरत भी क्रेडिट कार्ड का असीमित उपयोग करना, ख़र्चों की लिस्ट ना बनाना और हिसाब ना रखना, दैनिक जीवन के हर दूसरों के भरोसे जीना, समय का पालन न करना, अपनी ग़लतियों को दूसरों पर थोपना, अपने काम स्वयं न करना, लापरवाही की मानसिकता एवं रवैया रखना, कथनी और करनी में अंतर होना, हमेशा ईश्वर से मांगते रहना, इच्छाएं करना पर उसके लिए परिश्रम न करना।

इस चार्ट से आप भली-भांति समझ सकते हैं कि जीवनशैली में क्या प्राथमिकताएं और कैसी आदतें होनी चाहिए। इसीलिए जीवन में SLP बहुत ज़रूरी है। इस चार्ट से आप ख़ुद अंतर देख सकते हैं कि आवश्यक कार्यों की सूची कितनी छोटी है, फिर भी लोग वह नहीं करते, और अनावश्यक कार्यों की सूची कितनी लंबी है, फिर भी लोग वही करते हैं। जीवन में क्या करना है से ज़्यादा महत्वपूर्ण है क्या नहीं करना है। आज भारत के लगभग 80 प्रतिशत लोग और परिवार इस अनावश्यक जीवनशैली के अनुसार जी रहे हैं। आप यदि इसे पढ़ रहे हैं तो स्वयं आत्मविश्लेषण कर लीजिए कि आप में कितनी अनावश्यक आदतें हैं, और फिर हम शिकायत करते हैं मजबूरियों की और क़िस्मत को कोसते हैं। आपके पास पैसा है या नहीं, कम है या ज़्यादा – उसकी बात ही नहीं है। आप इस सूची के अनुसार अपनी दैनिक आदतों को तो बदल ही सकते हैं। इसमें आपका एक भी रुपया ख़र्च नहीं होगा, बल्कि आपका पैसा बचेगा और आपका जीवन ही व्यवस्थित बनेगा। इसीलिए अपने जीवन में SLP बनाइए और मानव जीवन को सार्थक बनाइए।

ये तो हो गया SLP (सिस्टमैटिक लिविंग प्लान)। इसके बाद बारी आती है SBP की, अर्थात सिस्टमैटिक बजट प्लान – यानि सुव्यवस्थित बजट योजना! जैसे हर देश की सरकार देश का सालाना बजट तैयार करती है, उसी प्रकार हर मनुष्य और हर परिवार को अपना बजट तैयार करना चाहिए – जिसमें आय और ख़र्च का स्पष्ट विवरण हो और उसके बाद बचत का निर्धारण।

यह काम बहुत आसान है। मोबाइल पर दो–चार घंटे रील्स या वेब सीरीज़ देखने की बजाय आप एक घंटे के भीतर अपने घर का मासिक बजट बना सकते हैं। मैं दावे से कह सकता हूँ कि हमारे देश में 90% परिवार या लोग अपना बजट प्लान नहीं करते, क्योंकि यह बात उनकी जीवनशैली देखकर साफ समझ में आती है।

SLP में मैंने जितने भी अनावश्यक कार्य बताए, उन्हें आज से ही बंद कीजिए और बजट प्लान बनाकर पैसों की बचत शुरू कीजिए। अगर आप ऐसा नहीं कर सकते, तो भाग्य या दूसरों को दोष देना भी बंद कर दीजिए। जीवन में उन्नति करनी है तो सबसे पहले खुद पर और अपनी आदतों सख़्ती

करनी होगी। आपको अपने ख़र्चों पर बेरहमी और निर्दयता लानी होगी–ख़ुद पर रहम या तरस खाना आज ही छोड़ दीजिए। तभी आपकी आदतें और मानसिकता जल्द बदलेंगी।

दस हज़ार रुपये महीने कमाने वाला व्यक्ति भी कम से कम पाँच सौ या हज़ार रुपये हर महीने अनावश्यक ख़र्चों पर ज़रूर लगाता होगा। कई लोग मुझसे कहेंगे – "तो क्या जीवन जीना ही छोड़ दें?" – लेकिन संतुलित और असंतुलित जीवन में बहुत अंतर होता है। आज संतुलित जीवन जीकर अगर आप पैसे बचाते हैं, तो कल वही पैसा आपके ही काम आएगा और आप बेहतर जीवन जी सकेंगे।

जीवन में कमाने वाला हर व्यक्ति अपनी कमाई का कम-से-कम 20% बचा सकता है। एक गृहिणी भी अपने बजट का 20% बचा सकती है। अनावश्यक ख़र्चों और आदतों के अलावा भी कई तरीक़े हैं जिनसे पैसे बचाए जा सकते हैं।

उदाहरण के लिए, एक पुरुष यदि आये दिन अपने दोस्तों के साथ बाहर पार्टी करता है – महंगे होटलों, बार या रेस्टोरेंट में–तो एक बार में ही उतना पैसा ख़र्च कर देता है जितने में उसके घर का महीने भर का राशन आ सकता है। बाहर जाना या पार्टी करना एक नियमित अंतराल में ही होना चाहिए, वही आदर्श जीवनशैली है। यदि आप ये आदतें नहीं बदल सकते, तो अपनी नियमित आमदनी बढ़ाने पर ध्यान दें और उसे इतना बढ़ाइए कि इन ख़र्चों का आपके बजट पर कोई असर न पड़े।

इसी प्रकार एक गृहिणी भी अच्छी बजटिंग से बचत कर सकती है। हमारे देश में पहले घरेलू महिलाएं अपने घर के सारे काम स्वयं करती थीं, लेकिन वर्तमान में लगभग हर भारतीय परिवार में अत्याधुनिक मशीनरी होने के बावजूद भी घर के काम करने के लिए 'बाई' रखी हुई है। आजकल कई गृहणियां घर का कोई काम स्वयं नहीं करतीं और वजन घटाने के लिए पैसे देकर जिम जाती हैं, जबकि वे घर के काम स्वयं करके भी फिट रह सकती हैं और काम वाली बाई के पैसे बचाकर हर माह एक हज़ार से लेकर पाँच हज़ार रुपये तक की SIP कर सकती हैं।

उन्हें देने के लिए पैसे तो पति से मिलते ही हैं; यदि वे स्वयं काम करेंगी और निवेश करेंगी, तो पति ख़ुशी-ख़ुशी निवेश के लिए अतिरिक्त पैसे भी दे देंगे। इसके दो फायदे हैं – पहला, आप शारीरिक रूप से फिट रहेंगी और जिम की फीस बचेगी; दूसरा, यदि आप काम करने की आदत डालेंगी, तो लंबी अवधि में SIP से करोड़ों रुपये एकत्रित कर सकती हैं। उदाहरण के तौर पर, एक 25 वर्षीय महिला यदि अपनी 45 वर्ष की आयु तक निवेश करती है, तो उसकी जमा रकम कई गुना बढ़ सकती है।

यहाँ मेरा यह कहने का तात्पर्य नहीं है कि सभी घरेलू महिलाएं कोई काम नहीं करतीं। कुछ महिलाएं आज भी घर का सारा काम स्वयं करती होंगी, पर भारत में उन महिलाओं का प्रतिशत काफ़ी बढ़ गया है, जिन्होंने किसी न किसी काम के लिए नौकर रखा हुआ है। कई महिलाएं मेरी इस बात से सहमत नहीं होंगी, आलोचना और निंदा भी करेंगी, लेकिन इस तथ्य को झुठलाया नहीं जा सकता।

एक अच्छी आदत विकसित करने में क्या बुराई है, जिसमें शारीरिक और आर्थिक, दोनों तरह से हमारा ही फ़ायदा है? कई महिलाएं मेरे इस मत को पुरुष-प्रधान मानसिकता कहेंगी, किंतु प्रैक्टिकली यह धारणा बना लेना उचित नहीं है। एक पुरुष भी तो घर से बाहर काम करने और कमाने जाता है, उसने तो कभी काम पर जाने के लिए नौकर नहीं रखा। कई पुरुष तो बचे हुए समय में घर के कार्यों में भी हाथ बँटाते हैं। निस्संदेह, सबकी चुनौतियाँ और परिस्थितियाँ अलग होती हैं, लेकिन उनमें अपने स्तर पर सुधार किया जा सकता है।

इसी प्रकार एक छोटा बच्चा भी अपने दैनिक ख़र्च में से पैसा बचा सकता है और जन्मदिन व त्यौहारों पर मिले नकद उपहारों को जोड़कर SIP में निवेश कर सकता है। इसके लिए माता-पिता को बचत और निवेश का महत्त्व समझाते हुए निवेश करने में उनकी मदद करनी चाहिए। प्रसिद्ध निवेशक वॉरेन बफेट भी दस वर्ष की आयु से निवेश कर रहे हैं और आज उनके नाम से हर कोई परिचित है। बचत को कंजूसी नहीं कहा जा सकता; बचत कंजूसी नहीं, बल्कि एक अनुशासन है।

पृथ्वी पर ऐसा कोई भी इंसान नहीं है जिसमें कोई कमी न हो, किन्तु "व्यवस्थित" (सिस्टमैटिक) शब्द में बहुत बड़ी ताकत है। इससे हम अपनी

हर आदत तो नहीं, लेकिन कुछ आदतें अवश्य व्यवस्थित कर सकते हैं। कहने को यह एक साधारण सा शब्द है, लेकिन यदि इसे जीवन में लागू किया जाए, तो यह बहुत बड़ा बदलाव ला सकता है।

इसीलिए पहले जीवन में SLP (सिस्टमैटिक लिविंग प्लान) करें, फिर SBP (सिस्टमैटिक बजट प्लान) करें, और उसके बाद SIP (सिस्टमैटिक इन्वेस्टमेंट प्लान) शुरू करें। जितना जल्दी संभव हो, इसे प्रारंभ करें और लम्बे समय तक जारी रखें, क्योंकि यह दीर्घकाल के लिए एक बेहतर निवेश विकल्प है। वैसे भी किसी भी कार्य का परिणाम तुरंत नहीं मिलता–उसमें समय लगता है। एक बच्चा स्कूल से कॉलेज तक पढ़ता है, तभी शिक्षित बनता है। एक MBBS का छात्र 5–6 साल का कोर्स करता है, फिर कई वर्ष जूनियर डॉक्टर के रूप में प्रैक्टिस करता है, तब जाकर वह एक सफल डॉक्टर बनता है।

इसी प्रकार, नियमित निवेश को भी समय देंगे, तो वह बेहतर परिणाम अवश्य देगा। जैसे एक पत्थर तोड़ने वाला व्यक्ति बड़े पत्थर पर हथौड़े से हज़ारों वार करता है और पत्थर 1001वें वार में टूट जाता है–तो वह पत्थर उस 1001वें वार से नहीं टूटा, बल्कि पहले के हज़ारों वारों की चोट से टूटा है। ऐसे ही SIP में आपको शुरू के 14–15 वर्षों में अधिक प्रभाव नहीं दिखेगा, लेकिन यदि आप टिके रहे तो यह आपकी राशि को बहुत अच्छे से कम्पाउंड करेगा।

मेरे विचार में, SIP की मासिक किश्त को ऋण की मासिक किश्त (EMI) मानकर चलना चाहिए कि "यह तो मेरा लिया हुआ ऋण है, जिसे मुझे हर हाल में चुकाना ही है।" यह मानसिकता अपनाएंगे, तो आप नियमित SIP कर पाएंगे। फिर यही आपका भविष्य निर्माण करेगी, और अंत में आप SWP अर्थात सिस्टमैटिक विथड्रॉल प्लान का आनंद लेते हुए निश्चिंत होकर जीवन का सुख उठा सकते हैं।

9

सुख और दुःख

सुख और दुःख मनुष्य जीवन की परछाई हैं, मनुष्य के जन्म से मृत्यु तक इसका आना-जाना चलता रहता है। पृथ्वी पर मौजूद हर एक मनुष्य यही चाहता है कि वह जीवनभर सुखी रहे, दुःख का उससे दूर-दूर तक कोई नाता न हो। मनुष्य स्वयं को छोड़कर हमेशा दूसरों से अपेक्षा रखता है और यही अपेक्षा पूरी न हो तो वह दुखी हो जाता है। जबकि जीवन में यदि वह अपेक्षाएँ कम रखे या बिल्कुल न रखे तो वह हमेशा सुखी रहेगा।

हर मनुष्य को अपेक्षा केवल खुद से रखनी चाहिए ताकि पूरी न भी कर सके तो वह स्वयं को ही दोषी ठहराएगा, न कि किसी अन्य को; क्योंकि अपेक्षाओं की कोई सीमा नहीं और इच्छाओं का कोई अंत नहीं।

कहते हैं न–अति हर चीज़ की ख़राब होती है, क्योंकि सुख की अति में ज़्यादातर लोग ईश्वर को भूल जाते हैं और दुःख की अति में अपने कर्मों को भूलकर ईश्वर को कोसना शुरू कर देते हैं, उस पर भरोसा नहीं करते। सुख और दुःख शेयर मार्केट की तरह हैं–हमेशा उतार-चढ़ाव भरे रहेंगे, कभी ग्रीन लाइट तो कभी रेड लाइट आती रहेगी, वरना उतार के बाद चढ़ाव का आनंद आप नहीं ले पाएँगे और चढ़ाव के बाद उतार का सामना नहीं कर पाएँगे। सुख और दुःख में धैर्य रखना बहुत आवश्यक है। दुःख हमेशा हमारे धैर्य की परीक्षा लेता है और वही धैर्य, सुख से हमारा परिचय कराता है। इन्सान को हमेशा दूसरे की रोटी में घी ज़्यादा दिखाई देता है। सुख और दुःख किसी बाज़ार में नहीं मिलते, यह हमें हमारे कर्मों से प्राप्त होते हैं।

ज़्यादातर लोगों को लगता है – "मैं ही दुःखी क्यों हूँ"–जबकि सुखों और दुःखों को कर्मों के हिसाब से भोगना ही पड़ता है।

इसलिए आप वर्तमान में जहाँ भी हैं, जिस भी स्थिति में हैं, सद्कर्म करना शुरू कीजिए। ईश्वर ने यह सिद्धांत सभी के लिए बनाया है। भगवान श्रीराम को भी वनवास भोगना पड़ा था। ईश्वर के यहाँ ऐसी कोई व्यवस्था नहीं है कि एक-दूसरे के सुख-दुःख बदले जा सकें। अगर मनुष्यों को एक-दूसरे का दुःख बदलने का विकल्प दिया जाए तो हर कोई अपना दुःख लेकर वापस चला जाएगा। कई बार तो लोग दूसरे को खुश देखकर बीमार हो जाते हैं। इसलिए जीवन के प्रति जिस मनुष्य के पास सबसे कम शिकायतें हैं, वही सबसे अधिक सुखी है।

हम मनुष्यों का तो छोड़िए, समुद्र मंथन से निकला अमृत असुरों को भी चाहिए था, लेकिन वह देवताओं को भी चाहिए था – अर्थात देवता भी सुख की कामना कर रहे थे – किन्तु सृष्टि की रक्षा हेतु विष पीया केवल महादेव ने। उन्होंने कष्ट सहकर भी सृष्टि की रक्षा की। भगवान शिव हमें सिखाते हैं कि दूसरों की भलाई के लिए जीवन में कष्ट भी आएँ तो सह लेना चाहिए। कई लोग सोचते हैं – "मैं तो जीवन में बहुत अच्छे से चलता हूँ, किसी का अहित नहीं करता, किसी के साथ छल-कपट नहीं किया, फिर भी मेरे जीवन में कष्ट और दुःख क्यों आ रहे हैं" – और कईयों के साथ ऐसा होता भी है। लेकिन उस समय धैर्यवान रहकर निरंतर सही मार्ग पर चलते रहना चाहिए। विपरीत परिस्थिति में लोग निराश होकर ग़लत मार्ग पकड़ लेते हैं। वे यह देखते हैं कि जीवन में ग़लत करने वाला सुखी है, तो सोचते हैं, "मैं क्यों अच्छा करूँ?"

इसे साधारण उदाहरण से समझिए – यदि आपके पास पैसे नहीं हैं तो कमाना उचित है या चोरी करना?

यदि हर इंसान चोरी का रास्ता चलने लगे तो वह कहाँ तक बचेगा? इसलिए ज़्यादातर लोग कमाने का सही रास्ता चुनते हैं। ठीक इसी प्रकार सही राह पकड़े रहिए। दुःख आएँगे, कष्ट आएँगे, पर अंतिम परिणाम सुखमय होगा। इसके विपरीत कोई व्यक्ति कितने भी ग़लत कार्य करके कितना भी सुख भोग ले, समय उसे दुःख का अनुभव करा ही देगा।

दुःख आपको मज़बूत और सहनशील बनाता है–बस दुःख को पचाना आना चाहिए। असल ज़िन्दगी में आप इसे मशहूर फ़ुटबॉल खिलाड़ी क्रिस्टियानो रोनाल्डो की ज़िन्दगी से सीख सकते हैं। बचपन में उनके पास जूते और फ़ुटबॉल खरीदने तक के पैसे नहीं थे, उनके पिताजी का जल्दी देहांत हो गया था, दुःख और परेशानियाँ चरम पर थीं। पर उन्होंने संघर्ष और मेहनत का रास्ता नहीं छोड़ा, और आज वे विश्व के सबसे महान फ़ुटबॉलर और सबसे महंगे खिलाड़ी हैं। इतने कामयाब और सफल होने के बाद आज भी वे कड़ी मेहनत और अनुशासन से जीवन जीते हैं। उनकी असल आयु तो 39 वर्ष है, पर वैज्ञानिक परीक्षणों के अनुसार उनकी बायोलॉजिकल आयु 24 वर्ष है – यही है उनका समर्पण। ज़्यादातर लोग उनकी लग्ज़री लाइफ़ देखकर कहते हैं – "क्या नसीब है" – जबकि वे उनके वर्षों के कठिन परिश्रम और त्याग को नहीं देखते। यह भी एक प्रकार की तपस्या है, जीवन में कुछ पाने के लिए। व्यक्तिगत रूप से मैं तो उनसे बहुत प्रभावित हूँ।

हमारा जीवन भी एक फ़ुटबॉल मैच की तरह ही है – आपको लगातार दौड़ते रहना है, बीच में विरोधी आएँगे, उनसे बचना है, अपने ख़िलाफ़ गोल को बचाना है। आप गिरेंगे, उठेंगे, चोटें खाएँगे, लेकिन एक जगह रुक नहीं सकते। साथ ही जैसे गोल करते हैं, वैसे ही अपने लक्ष्यों को गोल बनाकर उन्हें हासिल करना है। जीवन में भी आपको लगातार दौड़ना है, रुक नहीं सकते। बीच में दुःख, तकलीफ़ें, बाधाएँ आएँगी – उन्हें भेदते हुए आगे बढ़ना होगा। जीवन का कोई भी खेल हमें जीवन जीना सिखाता है, जिसमें प्रथम और अंतिम उद्देश्य केवल जीतना होता है – किन्तु उसमें बेईमानी की कोई जगह नहीं होती, वरना आप डिसक्वालिफ़ाई कर दिए जाएँगे।

दुःखी होने का एक कारण यह भी है कि लोग अपने बारे में किसी दूसरे व्यक्ति द्वारा कही गई बातों को किसी तीसरे व्यक्ति के मुँह से सुनकर तुरंत मान लेते हैं और अपनी प्रतिक्रिया देने लगते हैं, जबकि सुनी-सुनाई बातों पर कोई प्रतिक्रिया देनी ही नहीं चाहिए। दुनिया में इधर की उधर करने वालों, आपकी छवि बिगाड़ने वालों की कमी नहीं है। कोई व्यक्ति आपके सामने क्या कह रहा है, आप उससे क्या कह रहे हैं – यह ज़्यादा ज़रूरी है, और उससे भी ज़्यादा मायने रखता है आपका उस व्यक्ति के साथ व्यवहार कैसा है।

आपका अनुभव अच्छा है तो आप बिल्कुल व्यवहार बनाए रखें, अन्यथा उससे पर्याप्त दूरी बनाकर रखें। यही नियम उस व्यक्ति के द्वारा आप पर भी लागू होता है। दुनिया में हर एक व्यक्ति का हर दूसरे व्यक्ति से अलग-अलग व्यवहार है। ज़रूरी नहीं कि जो आपके साथ अच्छा हो वह सबके साथ भी अच्छा हो, यह भी ज़रूरी नहीं कि जो आपके साथ बुरा हो वह सबके साथ बुरा हो। इसलिए जीवन में अपने हिसाब से धारणा बनाकर न चलें।

दुनिया में कई लोग इसलिए दुःखी हैं क्योंकि वे किसी तीसरे की बातों में आकर, बिना पक्ष-विपक्ष समझे, अपना रिश्ता बिगाड़ चुके हैं। महारानी कैकयी ने मंथरा की बातों में आकर जो किया था, उसे हर कोई जानता है और परिणाम क्या हुआ था वह भी। उसके बाद से हर कोई कैकयी नाम से घृणा करता है।

एक कॉमेडी धारावाहिक 'हप्पू की उलटन-पलटन' में मुख्य किरदार हप्पू सिंह का एक डायलॉग है – "अपनो खानो, अपनो खुजानो।" सुनने में तो यह एक सामान्य सा वाक्य है, पर इसे ध्यान लगाकर समझें तो इसका अर्थ बहुत ही गहरा है – जीवन में अपने काम से काम रखें तो सुखी रहेंगे। इसी प्रकार, जीवन में सुखी रहना है तो मतलबी और नकारात्मक लोगों से दूरी बनाए रखें और उससे भी बढ़कर यह है कि स्वयं मतलबी और नकारात्मक न बनें, अन्यथा खुद से ही दुःखी रहेंगे। जीवन में हमेशा कोई न कोई आपसे बेहतर होगा – बेहतर कपड़े पहनता होगा, बेहतर घर का मालिक होगा, बेहतर गाड़ी चलाता होगा। इच्छाओं की कोई सीमा नहीं है, बस खुद को बेहतर बनाने का सदैव प्रयास करते रहिए।

नज़रिया बदलकर यह देखिए कि दुनिया में आप कितनों से बेहतर इंसान हैं, बेहतर स्थिति में हैं – यह सोच आपको संतोष और सुख का भाव देगी। जीवन हमेशा अनिश्चित है, किन्तु आपके विचार और मनोस्थिति उन अनिश्चितताओं का सामना करने का बल देती है। पृथ्वी पर मौजूद मनुष्यों में से लगभग 95% के हाथ-पाँव, आँखें, दिमाग, पूरा शरीर सही-सलामत होता है, फिर भी ज़्यादातर लोग निराशा और शोक में डूबे रहते हैं – पता नहीं किस बात से दुःखी रहते हैं। मान लीजिए, असल में कोई सुख-दुःख की घड़ी होती जिसमें 9 से 3 ऊपर सुख का समय होता और 3 से 9 नीचे दुःख का समय

होता – तो हर मनुष्य यही चाहता कि यह घड़ी की सुई हमेशा ऊपर ही रहे, नीचे न आए, बल्कि उसे रोकने की कोशिश करता। लेकिन वह घड़ी है – पूरा चक्कर तो लगाएगी ही, नीचे भी आएगी और ऊपर भी जाएगी।

सुख–दुःख की घड़ी

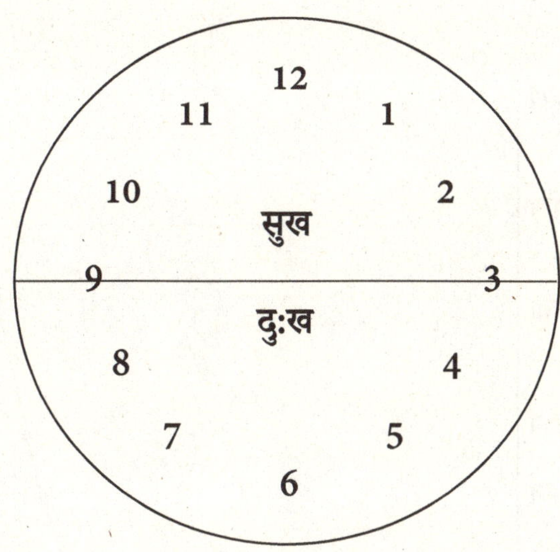

लेकिन समय की घड़ी केवल समय बताती है; सुख और दुःख आपके अनुसार, थोड़ा या ज़्यादा, या आपसे पूछकर कभी नहीं आएंगे। नींद से जागने के लिए हर कोई अलार्म लगाता है, लेकिन जीवन में जागने के लिए बहुत ही कम लोग अपना अलार्म लगाते हैं और जीवन में सफल होते हैं। कुण्डली में दोष ढूँढने, हर समय पूजा–पाठ करवाने, टोने–टोटके करने, ग्रहों की दिशाएँ बदलने से यदि सुख मिल जाता, तो कर्म की प्रधानता और सिद्धांत ही समाप्त हो जाते। भाग्य को बदलने के लिए हमेशा कर्म करना पड़ता है और उससे पहले खुद को बदलना पड़ता है। जैसे ईश्वर के मंदिर में हमेशा मन को अच्छा अनुभव होता है, उसी प्रकार अपने मन के मंदिर को बदलिए, वहाँ भी अच्छा अनुभव होगा।

रावण ने सभी ग्रहों को अपने वश में कर रखा था, फिर भी स्वयं को, अपने पुत्रों और भाइयों को बचा नहीं पाया; किन्तु हनुमान जी कर्म करके संजीवनी बूटी ले आए और लक्ष्मण जी को बचा लिया। इसलिए जीवन में कर्म का प्रभाव अधिक है—उसी से सुख-दुःख, लाभ-हानि, यश-अपयश, उचित-अनुचित, नीति-अनीति, सद्गति-दुर्गति निर्धारित होती है।

आइए, आपको कर्मों का चार्ट दिखाते हैं।

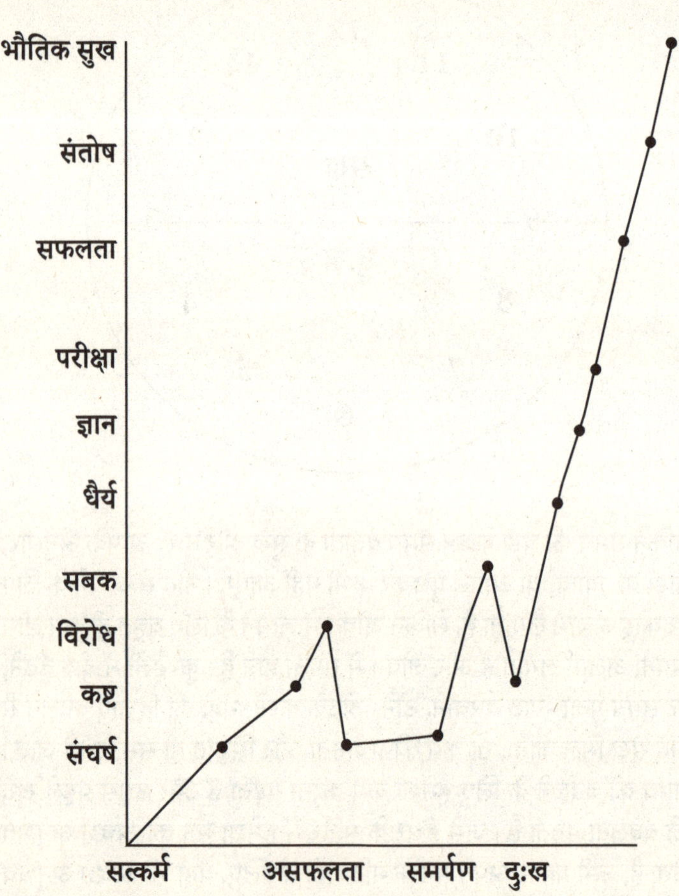

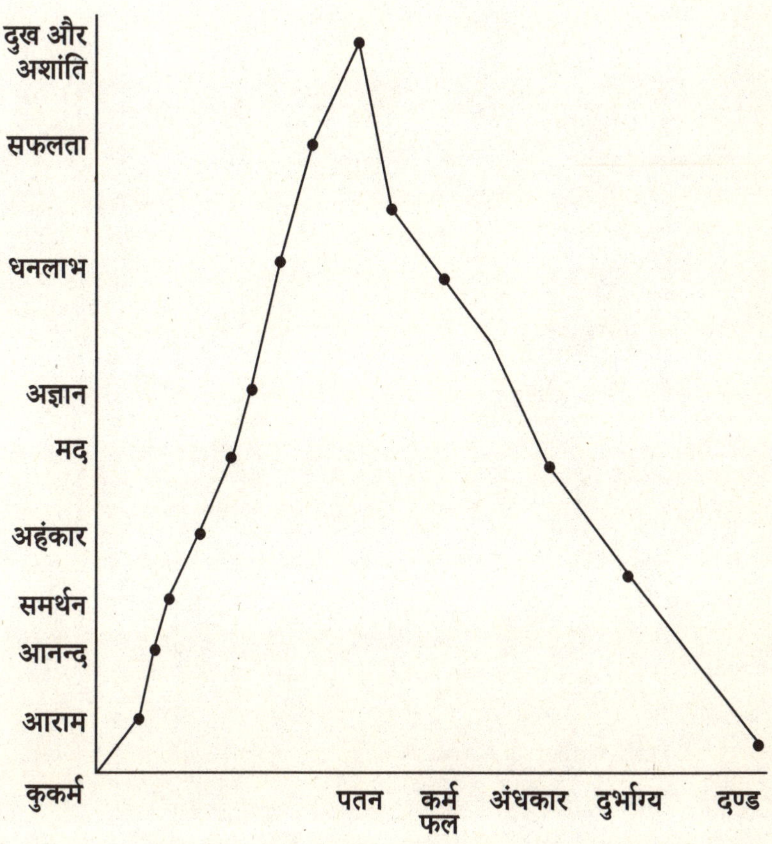
दुख और अशांति
सफलता
धनलाभ
अज्ञान
मद
अहंकार
समर्थन
आनन्द
आराम
कुकर्म
पतन
कर्म फल
अंधकार
दुर्भाग्य
दण्ड

तो आप सद्कर्म और कुकर्म के इस चार्ट से जीवन के सुख और दुःख का निर्धारण समझ सकते हैं। इसे एक छोटा बच्चा भी समझ और सीख सकता है। सद्कर्म की राह में कई उतार–चढ़ाव आएँगे, पर अंत सुखद होगा; और कुकर्म की राह में कितना ही चढ़ाव आ जाए, अंत में कहीं–ना–कहीं, कभी–ना–कभी, परिणाम भोगना ही होगा। इसलिए आज से ही अपने ही कर्मों का ग्राफ़ सुधारें और जीवन के सुख और दुःख–दोनों का आनंद लें।

10

सोशल मीडिया

आज का युग सोशल मीडिया का युग है। वर्तमान में इसके बिना लोगों की ज़िन्दगी फीकी है, आटा से ज़्यादा सस्ता डाटा है। नेता, अभिनेता, खिलाड़ी, उद्योगपति, इन्फ्लुएंसर्स, यूट्यूबर सब वहीं हैं; चायवाला, सुपरस्टार जैसे उपनाम छाए हुए हैं। सोशल मीडिया एक माध्यम है देश और दुनिया से डिजिटली जुड़ने का। आज हर एक साधारण व्यक्ति के पास भी मोबाइल है, इंटरनेट है, डाटा है, इसलिए हर कोई अपनी रुचि के अनुसार इन्हें फ़ॉलो करता है, इसी से सबकी अपनी दुनिया चल रही है। मूल रूप से मनुष्य का शरीर जल, अग्नि, वायु, धरती और आकाश से बना है, लेकिन वर्तमान में ये पंचतत्व बदल गए हैं – मन में काम, क्रोध, लोभ और मोह-माया आ चुके हैं और बाहरी तत्वों की जगह गूगल, फ़ेसबुक, व्हाट्सऐप, यूट्यूब और इंस्टाग्राम ने ले ली है। दिन-रात, उठते-बैठते, सोते-जागते बस लोगों की ज़ुबान पर यही नाम हैं। रील्स का तो एक बड़ा बाज़ार और व्यवसाय बन चुका है, व्यूज़ पाने के लिए लोग किसी भी हद तक जा रहे हैं, और उनको व्यूज़ मिल भी रहे हैं क्योंकि देखने वाले उनको 24 घंटे देख भी रहे हैं। आज एक परिवार में दो मोबाइल फ़ोन का मतलब है – घर में दो और सदस्य। आपका मोबाइल आपकी हर बात सुन रहा है, देख रहा है, बल्कि रिकॉर्ड भी कर रहा है, क्योंकि हम सबने उसको अपना 'एक्सेस' दे रखा है, परमिशन दी है, 'अलाउ' किया हुआ है। आपके परिवार के सदस्यों के निजी जीवन में क्या चल रहा है, आपसे ज़्यादा उसका मोबाइल फ़ोन जानता है। अब कुण्डली या

चरित्र प्रमाण पत्र का दौर गया, किसी का मोबाइल फ़ोन देख लो – सारे गुण-दोष, पसंद-नापसंद, मन के विचार सब मिल जाएंगे। आपका डेटा, अर्थात निजी जानकारी, अब निजी नहीं रही है; हर मोबाइल एप्लीकेशन को आपकी निजी जानकारी है। शास्त्रों में कहा गया है–जिस मनुष्य ने अपनी इन्द्रियों पर नियंत्रण कर लिया, वह स्वयं पर विजय प्राप्त कर लेता है; किन्तु वर्तमान युग में जो मनुष्य मोबाइल फ़ोन के प्रयोग पर सीमित नियंत्रण पा ले, वह स्वयं पर विजय प्राप्त कर लेगा।

यहाँ मैं सीमित नियंत्रण इसलिए कह रहा हूँ क्योंकि यह बहुत काम की वस्तु भी है। सोशल मीडिया प्लेटफ़ॉर्म्स के द्वारा ही हमारे ऑफिस के कार्य, व्यवसाय, शेयर मार्केट, इमरजेंसी कार्य, लर्निंग वीडियोज़, हेल्पलाइन्स, डिजिटल भुगतान, यात्रा टिकट, होटल बुकिंग, अपॉइंटमेंट्स, मीटिंग्स, मनोरंजन और भी कई अनगिनत कार्य मिनटों में घर या कहीं भी बैठे हो जाते हैं। इससे समय और पैसे की बचत होती है, लेकिन यह तब तक ही अच्छा है जब तक इसका प्रयोग सीमित मात्रा में और आवश्यकता होने पर ही किया जाए। लेकिन 24 घंटे ऑनलाइन रहना आवश्यकता नहीं, गुलामी है – बल्कि मैं इसे डिजिटल गुलामी कहूँगा। जैसे अति हर चीज़ की ख़राब होती है, वैसे ही इसके ज़्यादा उपयोग के कई दुष्प्रभाव भी हैं, इसलिए सोशल मीडिया पर रिश्ते बनते कम, बिगड़ते ज़्यादा हैं।

आप हर रोज़ अख़बारों में पढ़ते होंगे कि गेम की लत से एक बच्चे ने आत्महत्या कर ली या अपने माता-पिता की हत्या कर दी, लेकिन बहुत ही कम ये पढ़ा होगा कि मोबाइल से पढ़के और सीखके कुछ बड़ा हासिल किया। सोशल मीडिया आपकी पसंद का पूरा ख़याल रखता है। आप जैसा उसमें सर्च करेंगे, आपको बार-बार उसी से संबंधित वीडियो या आर्टिकल या अन्य सामग्री दिखाएगा। किसी एक एप्लिकेशन पर अपनी पसंद का कंटेंट यदि एक बार भी थोड़ी देर देख लिया तो दूसरी-तीसरी एप्लिकेशन पर आपको सर्च भी नहीं करना पड़ेगा–अपने आप वो कंटेंट आपके सामने प्रस्तुत हो जाएगा।

सोशल मीडिया का एक अलग और नकली चेहरा है – इस पर हर वक़्त, हर किसी पर भरोसा नहीं करना चाहिए। लोग होंगे कुछ और, लेकिन

आपको दिखाएँगे कुछ और। सोशल मीडिया पर जो भी कंटेंट आप देखते हैं, आपको लगता है वह मेरे लिए अच्छा है, किन्तु लगभग 99% कंटेंट उस कंटेंट क्रिएटर के लिए अच्छा होता है, क्योंकि बुराई ज़्यादा तेजी से फैलती है और आकर्षित करती है। कुछ 1% कंटेंट अच्छा और सही भी होता है, जिनका उद्देश्य आपको सिखाना और सही राह दिखाना होता है।

इन्हें कुछ उदाहरणों से समझिए–मान लीजिए आपने एक वीडियो देखा कि एक छोटा पक्षी, जो घायल अवस्था में है, न ठीक से चल पा रहा है, न उड़ पा रहा है। एक व्यक्ति उसके पास आता है, उसे हाथों में उठाकर दुलार करता है, पानी पिलाता है, जो भी संभव उपचार है वो करके उसे ठीक कर देता है और कैप्शन में लिखता है – 'रियल ह्यूमैनिटी'। और आप उस वीडियो को लाइक, शेयर, कमेंट, सब करते हैं और सोचते हैं कितना अच्छा व्यक्ति है। लेकिन उस वीडियो की सच्चाई ये है कि उसे बनाने से पहले उसी व्यक्ति ने उस पक्षी को घायल किया था। ये किसी को नहीं पता और वो व्यक्ति सोशल मीडिया पर मानवता का देवता बनके बैठा है। जिसे मदद करनी होती है और जो करता है, वो मदद करके चला जाता है, वीडियो नहीं बनाता।

ऐसे ही कई सोशल मीडिया इंफ्लुएंसर्स आपको अपनी लक्ज़री लाइफ़, गाड़ी, घर, बैंक बैलेंस दिखाकर कहेंगे – मैंने शेयर मार्केट से या इस स्कीम से जल्दी पैसे बनाए हैं, अगर आपको भी जल्दी अमीर बनना है तो 999 रुपये में मेरी टिप ले लो और अमीर बनो। और लोग ले भी लेते हैं, क्योंकि सबको जल्दी अमीर बनना है, जबकि ऐसी कोई स्कीम और टिप नहीं होती। और वह जो चकाचौंध आपको दिखाता है जैसे – ज्वैलरी, घड़ियाँ, कपड़े–सबकुछ किराये का होता है। यह एक नकली मार्केटिंग है। कोई व्यक्ति अपनी रणनीति से इतना कमाता भी है तो वह किसी को बताता नहीं है, चुपचाप अपना जीवन जीता है और दुनिया उसे देखती है–जैसे स्व. श्री राकेश झुनझुनवाला और श्री राधाकिशन दमानी जी।

चुनाव के समय एक नेता अच्छी सड़कों की, सुविधाओं की, अपनी योजनाओं की, अपने किए गए कार्यों की तस्वीर दिखाता है, लेकिन जो कार्य नहीं किए हैं, असफल योजनाओं की, असुविधाओं की, अव्यवस्थाओं की तस्वीर कभी नहीं दिखाता। इसलिए सोशल मीडिया पर आजकल अपनी

छवि चमकाई जाती है – जैसे मायाजाल से माता सीता को स्वर्ण हिरण दिखाकर उन्हें भ्रमित किया गया था, आगे का परिणाम हर कोई जानता है। इसलिए हर देखी हुई वस्तु या वीडियो या कंटेंट पर तुरंत भरोसा न करें। आँखों के साथ दिमाग को भी खुला रखें, वरना तो आजकल शिक्षित लोग भी डिजिटली अरेस्ट हो जाते हैं। जबकि इन सोशल मीडिया प्लेटफ़ॉर्म्स को बनाने वालों तक ने अपने इंटरव्यूज़ में कहा है कि वो मोबाइल फ़ोन का इस्तेमाल नहीं करते हैं या बहुत कम करते हैं। दुनिया के सबसे अमीर व्यक्ति का एक सप्ताह का स्क्रीन टाइम केवल एक मिनट था। इन प्लेटफ़ॉर्म्स को बनाने वालों के लिए यह बिज़नेस है और इसका इस्तेमाल करने वालों के लिए काम कम और मनोरंजन ज़्यादा। सब पैसों का खेल है – आप जितना ज़्यादा चलाएँगे, वो उतना ज़्यादा कमाएँगे। सवाल ये है कि इसके इस्तेमाल की भी एक तय सीमा होनी चाहिए, लेकिन लोग तो अपनी सीमा रेखा बनाएँगे नहीं, उन्हें तो लक्ष्मण रेखा पार करनी ही है। हमारे देश में सोशल मीडिया को लेकर ज़्यादा कुछ सख़्त क़ानून नहीं हैं, जबकि सरकार को इसके लिए कुछ नियमों को लागू करना चाहिए और लोगों को इसे अपनी अभिव्यक्ति की आज़ादी से न जोड़कर अपनी डिजिटल आज़ादी का समर्थन करना चाहिए। प्रयास दोनों तरफ़ से होता है, हर सही बात का विरोध करना सही नहीं होता।

आज किसी भी कंप्यूटर, सॉफ़्टवेयर या एप्लिकेशन को सब पता होता है कि आप क्या कर रहे हैं, कितना कर रहे हैं। यदि आप कंप्यूटर या मोबाइल पर अपना ज़रूरी कार्य कर रहे हैं, ऑफिस का कार्य कर रहे हैं, उसकी लिमिट क़ानूनी रूप से तय कर दी जाए तो आप उतना ही कार्य कर पाएँगे – जैसे ऑफिस का कार्य 8 या 10 घंटे, उसके बाद वह स्वतः बंद हो जाएगा, तो आप भी उसे देखना छोड़ देंगे। आप कोई मनोरंजन एप्लिकेशन चला रहे हैं, वह यदि एक घंटे से ज़्यादा न चले और स्वतः बंद हो जाए, तो आप मोबाइल को रख ही देंगे और दोबारा उठाएँगे भी नहीं, क्योंकि आपको पता है अब यह अगले दिन ही चला सकेंगे। जैसे कंप्यूटर पर आप कुछ देर कोई एक्टिविटी नहीं करते हैं, तो वह स्वतः ही स्लीप मोड में चला जाता है – उसी प्रकार कार्य के महत्व और उसके प्रयोग के अनुसार टाइम सेट करने का क़ानून बना दिया जाए, तो सब संभव है – जिसकी जितनी ज़रूरत, उसका उतना इस्तेमाल। जैसे आपको रेलवे की टिकट बुक करनी होती है, आप उसकी साइट या

एप्लिकेशन खोलकर टिकट बुक करते हैं और काम होते ही लॉगआउट कर देते हैं – उसी साइट पर घंटों तो नहीं बैठे रहते। वैसे ही सोशल मीडिया एप्स की कार्य के महत्व के अनुसार समय तय करने का प्रावधान होना चाहिए।

मेरी इस बात का 99.99% लोग समर्थन नहीं करेंगे, क्योंकि लोगों की आदत बिगड़ी हुई है, लेकिन शुरू में थोड़ा कष्ट होगा, फिर उसकी भी आदत हो जाएगी। उससे मानसिक शांति और शारीरिक शक्ति बढ़ेगी, लेकिन सहयोग तो हमें ही करना होगा। आज से 20 वर्ष पहले की-पैड वाला मोबाइल फ़ोन था, तो लोग केवल कॉलिंग करते थे–वो भी एक आदत थी। उससे पहले STD-PCO का दौर था, पैसे भी ज़्यादा लगते थे, तब लोग उसका ज़रूरत के हिसाब से ही इस्तेमाल करते थे। उससे पहले तार, टेलीग्राम, चिट्ठी यही माध्यम थे। तब लोग उनका इस्तेमाल करते थे। जैसी आदत बनाएँगे, वैसी आदत बनेगी।

सोशल मीडिया अच्छा है, सुविधाजनक है, उपयोगी है – लेकिन एक लिमिट तक। उससे ज़्यादा इस्तेमाल का असर आँखों पर, आपकी मनोस्थिति पर, साइबर फ्रॉड और ऑनलाइन गेमिंग द्वारा आपकी जेब पर भी विपरीत ही पड़ता है। इससे पहले सरकार कोई क़ानून लाए या न लाए, आप अपनी लिमिट तय कीजिए। आपके पास डेटा अनलिमिटेड हो सकता है, पर जीवन के मूल तत्व लिमिटेड ही हैं। डेटा हर कोई पैसे से खरीद सकता है, लेकिन शरीर के मूल पाँच तत्व जो ईश्वर ने निःशुल्क दिए हैं–उनकी क़ीमत कोई नहीं समझ रहा।

आजकल हर कोई मोबाइल को हर वक़्त अपडेट रखता है, उसमें एंटीवायरस लगवाता है, नया अपडेटेड फ़ोन खरीदता है (चाहे वह EMI पर ही क्यों न लिया हो)। किसी एप्लिकेशन में कोई नया फीचर क्या आया (चाहे वह तुच्छ ही क्यों न हो), उसकी ख़बर रखता है, लेकिन खुद को अपडेट रखना भूल गया है–कि शरीर का कैसे ध्यान रखना है, विचारों को कैसे अपडेट करना है।

ख़राब आदतों की वजह से अपने शरीर में जो वायरस है, उसका उपचार नहीं करते। शरीर का सॉफ़्टवेयर, हार्डवेयर, मदरबोर्ड–सब ख़राब पड़ा है। स्वयं की मेमोरी नकारात्मकता से भरी हुई है, लेकिन मोबाइल की मेमोरी

क्लीयर करते रहते हैं ताकि हैंग न हो जाए। पर जिस दिन अपनी मेमोरी हैंग हो गई, उस दिन खुद की कोई सहायता नहीं कर पाएंगे। याद रखिए, तकनीक सुविधा के लिए है, उस पर सम्पूर्ण निर्भरता अच्छी नहीं।

हमारे देश में पुरुष–महिला, युवक–युवतियाँ, गृहिणी–बच्चे, जितने भी शिक्षित लोग स्मार्टफ़ोन निरंतर चलाते हैं, उनसे किसी भी परीक्षा का या किसी भी सेवा प्राप्त करने का एक सामान्य फ़ॉर्म ऑनलाइन या ऑफ़लाइन भरवाकर देख लीजिए। मैं दावे के साथ कह सकता हूँ, उनमें से 80% लोग वह फ़ॉर्म नहीं भर पाएंगे; या तो वे किसी की मदद लेते हैं या कियोस्क में जाकर भरवाते हैं। और यही लोग रील्स बनाने, वीडियो बनाने, उन्हें एडिट करने, पचास तरह के फ़िल्टर लगाने में माहिर हैं। और यह स्थिति शिक्षित लोगों की है–तो सोचिए, ज़्यादा आवश्यक क्या है और प्राथमिकता किसे दी जा रही है। सोशल मीडिया पर कमेंट्स की बाढ़ ला देंगे, लेकिन सोशल नॉलेज और अवेयरनेस नहीं है।

आजकल किसी की मृत्यु का समाचार मिलता है तो लोग कहते हैं – "अरे, अचानक कैसे? कल रात तो ऑनलाइन था।" इंसान का बस चले तो वह ईश्वर से मृत्यु के बाद पाँच मिनट का समय और माँग ले कि–हे भगवान, इतना तो टाइम दे दो कि अपनी मृत्यु का स्टेटस लगा दूँ ताकि दुनिया को ख़बर मिल जाए।

इसलिए ऑनलाइन और ऑफ़लाइन के अंतर को समझिए। सोशल मीडिया और सामाजिक जीवन की आवश्यकता और प्राथमिकता के अंतर को समझिए–तभी जीवन सार्थक होगा।

अंत में, ऑनलाइन विषय पर कुछ पंक्तियाँ लिख रहा हूँ। यदि पसंद आए तो लाइक, शेयर और सब्स्क्राइब मत करिएगा, उसे अपने जीवन में उतारिएगा।

ऑनलाइन

लिख रहा हूँ आज के दौर की दो लाइन,
सब कुछ हो गया ऑनलाइन।

पहले बच्चे कक्षा में जाते थे लगा के लाइन,
अब कक्षाएँ भी लगने लगी ऑनलाइन।

पहले राशन, ट्रेन टिकट, बैंकों की लगती थी लाइन,
अब सारी सेवाएँ मिलने लगीं ऑनलाइन।

रसोईघर भी हो गया सूना,
जब से मिलने लगा ऑनलाइन खाना।

मित्रता, चैटिंग, प्रेम, ऑनलाइन खरीदी हो या स्ट्रीमिंग,
साथ में है रील्स का भी नशा, पर कहेंगे इसे सोशल नेटवर्किंग।

आटे से भी सस्ता हो गया डेटा,
गेम्स की लत है सबको, बेटी हो या बेटा।

दादी-नानी की कहानियाँ अब सुनता है कौन,
बच्चों को भी चाहिए महँगा वाला अत्याधुनिक आईफ़ोन।

धर्म, शास्त्रों, परम्परा और संस्कृति का नहीं रहा ज्ञान,
जिसे देखो, जहाँ देखो, सबका है मोबाइल में ध्यान।

आज जिसके घर में होगा इंटरनेट और वाई-फ़ाई,
उसी का स्टेटस माना जाता है हाई-फ़ाई।

कार्य समय में ऑनलाइन पाए गए तो होगी कार्रवाई,
वहीं मीटिंग में रहे ऑफ़लाइन तो देनी होगी सफ़ाई।

एक दिन इंटरनेट न मिले तो हो जाते हैं बोर,
कितनी खूबसूरत है ये प्रकृति, ज़रा देखो तो चारों ओर।

मोबाइल टॉवर, तारों और सैटेलाइट्स में जकड़ी है पृथ्वी,
आपसी व्यवहार छोड़ इंसान, सोशल मीडिया पर चमका रहा छवि।

सारी दुनिया है सोशल मीडिया के नशे में चूर,
इसे बनाने वाले खुद रहते हैं इससे कोसों दूर।

हालाँकि इससे समय और पैसे की बचत होती,
व्यवसाय और व्यापार में वृद्धि होती,

तथा है ज्ञान का भण्डार,
लेकिन इसी से मानवीय तनाव बढ़ता,
आपसी मतभेद और अविश्वास बढ़ता,
तथा बढ़ता अपराध का संसार।

मनुष्य का शरीर बनता पाँच तत्वों – पृथ्वी, जल, अग्नि, वायु, आकाश से,
परंतु मन लग गया गूगल, फ़ेसबुक, व्हाट्सएप, एक्स और इंस्टाग्राम से।

एक अनंत मायाजाल है, छल है–ऑनलाइन,
दो लाइन लिखने के लिए मैं भी रहा कुछ देर ऑफ़लाइन।

(11)

समाचार पत्र

समाचार पत्र, अख़बार, न्यूज़पेपर– दुनिया में कई लोग सुबह की चाय से पहले इसका इंतज़ार करते हैं।

मैं स्वयं घर के दरवाज़े पर रोज़ सुबह बार-बार जाकर देखता हूँ कि आज का अख़बार आया क्या!

अख़बार हमारे जीवन का एक अतिमहत्वपूर्ण हिस्सा है, क्योंकि यह न केवल हमारे देश या समाज का, बल्कि पूरी दुनिया का आइना है। इसे बच्चों, युवाओं, स्त्री-पुरुष, बुज़ुर्ग – हर आयु वर्ग के लोगों को रोज़ाना पढ़ना चाहिए, बल्कि इसे एक आदत बना लेना चाहिए।

कुछ लोग कहेंगे कि यह तो डिजिटल न्यूज़ का ज़माना है, सारी ख़बरें वहाँ लाइव मिल जाती हैं।

लेकिन डिजिटल न्यूज़ चाहे 24/7 चलती हो, उसमें आपको हर ख़बर – जो स्थानीय, राष्ट्रीय या अंतर्राष्ट्रीय स्तर की हो – एक साथ कभी नहीं मिलेगी। या तो आपको दिनभर देखना होगा, या सौ न्यूज़ चैनलों को बदल-बदलकर देखना होगा। लेकिन समाचार पत्र में आपको हर तरह की ख़बर रोज़ एक साथ पढ़ने को मिल जाती है, और यह बहुत ही कम ख़र्च में आपके घर तक आता है। देश, समाज, दुनिया में क्या चल रहा है, क्या हो रहा है – यह हमें बताता है, हमें अपडेट रखता है, जागरूक बनाता है, सरकार

और प्रशासन की कमियों को उजागर करता है। इसमें सुविचार के साथ-साथ वर्तमान दिनांक के इतिहास के बारे में भी पता चलता है।

समाचार पत्र किसी भी भाषा का हो, यह बच्चों की पढ़ने और समझने की क्षमता को बढ़ाता है, सामान्य ज्ञान बढ़ाता है, युवाओं को प्रतियोगी परीक्षाओं की तैयारी कराता है, नौकरीपेशा और व्यापारियों को उनके काम की जानकारी देता है। सरकारी सूचनाएँ, विज्ञापन, नौकरियाँ, टेंडर्स – सब हमें समाचार पत्र में ही मिलते हैं। रिटायर्ड व्यक्तियों और बुज़ुर्गों का तो पूरा दिन इसे पढ़कर ही निकलता है। बस ज़्यादातर गृहिणियाँ इससे दूर रहती हैं; कहती हैं उन्हें समय ही नहीं मिलता, जबकि फ़ोन पर या पड़ोसन से घंटों बातें कर लेंगी। यह कोई कटाक्ष नहीं, बल्कि उनके लिए बहुत आवश्यक है कि हर गृहिणी थोड़ा समय निकालकर रोज़ाना अख़बार पढ़े, क्योंकि वे बाहरी दुनिया से कटी होती हैं। दुनिया में क्या चल रहा है, कहाँ कितने अपराध हो रहे हैं, कैसे सावधान रहना चाहिए, विपरीत परिस्थिति में क्या करना चाहिए – ये सब उन्हें अख़बारों से पता चलेगा। क्योंकि ज़्यादातर वारदातें, अपराध, साइबर फ्रॉड, चोरी, बलात्कार, डिजिटल ठगी, महिलाओं के साथ ज़्यादा होते हैं, क्योंकि वे खुद को बाहरी दुनिया से अपडेट नहीं रखतीं।

बचाव के तरीके, हेल्पलाइन्स, डिजिटल लेनदेन की RBI की गाइडलाइन्स, अपराध से सावधानी को लेकर पुलिस की गाइडलाइन्स – सब अख़बार में हर रोज़ छपती हैं। लेकिन उन्हें "आज खाने में क्या बनाऊँ" से फ़ुर्सत नहीं होती, जबकि उन्हें अख़बार में सस्ते कपड़ों की सेल कहाँ लगी है, उसका विज्ञापन भी मिल जाएगा। कुछ महिलाएँ तो आज के ही अख़बार को रद्दी समझकर घर के काम में प्रयोग कर लेती हैं –

इस तरह से वे अख़बार की भी ख़बर ले लेती हैं!

एक अख़बार के पास कहने के लिए बहुत कुछ होता है, बस उसे सुनने वाला होना चाहिए। उसकी हर एक ख़बर में विश्वसनीयता होती है, इसलिए आज भी हर कोई इस पर भरोसा करता है। एक न्यूज़ चैनल का मालिक और एंकर भी हर सुबह दस तरह के अख़बार पढ़ता है। कहते हैं कि पुस्तकें हमारी मित्र होती हैं – इसी प्रकार समाचार पत्र हमारा शिक्षक होता है, जो जीवन का हर पहलू ख़बरों के माध्यम से हमें सिखाता है, हमें सतर्क करता है।

हम दिनभर जितनी देर मोबाइल चलाते हैं, जितना हमारा स्क्रीन टाइम है, उसके आधे के भी आधे समय को हमें अख़बार को देना चाहिए – और यह हमारे मानसिक स्वास्थ्य के लिए लाभदायक है। मोबाइल ऐप्स को अपडेट करो या न करो, खुद को देश-दुनिया की ख़बरों से अपडेट रखो। वर्तमान पीढ़ी के बच्चे मोबाइल में तरह-तरह के गेम खेलते रहते हैं; कई गेम में तो वे माता-पिता के पैसे भी गँवा देते हैं। इस आदत से कहीं बेहतर है कि वे समाचार पत्र में प्रतिदिन छपने वाली वर्ग-पहेली और अन्य प्रकार के माइंड गेम हल करें। बच्चों में यह आदत विकसित कीजिए – यह ज़िम्मेदारी अभिभावकों की है। इससे उनका शब्द ज्ञान बढ़ेगा और मानसिक विकास होगा। कई लोगों को यह फ़ालतू उपाय या मामूली परिवर्तन लग सकता है, किन्तु हर अच्छी शुरुआत छोटे स्तर पर ही करनी पड़ती है।

दुनिया में बीस-तीस वर्ष पहले मोबाइल नहीं थे और तब भी लोगों का मनोरंजन होता था। पहले तो हर माता-पिता को मोबाइल से सारे गेम्स हटा लेने चाहिए, और यू ट्यूब पर हर आयु वर्ग के अनुसार करोड़ों लर्निंग वीडियो हैं, जो आप रोज़ अपने बच्चे को आधा घंटा दिखा सकते हैं।

शेष, हम जिस प्रकार रोज़ अपने दैनिक कार्य – नहाना, कपड़े बदलना, खाना, सोना – करते हैं,

उसी प्रकार अख़बार को भी अपना दैनिक कर्म बनाइए। फिर यह आपकी एक अच्छी आदत बन जाएगा – और अच्छी आदत हमेशा 'बोरिंग' होती है।

12

फ्रीबीज़ (मुफ़्त की रेवड़ी)

आजकल 'फ्रीबीज़' (मुफ़्त की रेवड़ी) शब्द बहुत चलन में है। इसमें बहुत ताकत है। पहले हमारे देश में वोट लेने से पहले नोट दिया जाता था, जो अवैध था, लेकिन आज वोट लेने के बाद नोट दिए जाते हैं, वो भी वैध तरीके से, बैंक खातों में! इसमें किसी को कोई आपत्ति नहीं। नेताओं को चुनाव जीतने का सुपरहिट फ़ॉर्मूला मिल गया है, जनता को बिना कुछ काम किए मुफ़्त की रेवड़ियां मिल रही हैं और चुनाव आयोग एवं न्यायालय मूकदर्शक बने हुए हैं। इसीलिए राजनीतिक पार्टियों में प्रतिस्पर्धा बनी हुई है कि हम हर माह इतने पैसे देंगे, मुफ़्त बिजली देंगे, मुफ़्त पानी, गैस सिलेंडर, मुफ़्त यात्रा, मुफ़्त स्कूटर, मुफ़्त लैपटॉप! हर कोई कुछ न कुछ मुफ़्त में और दूसरे राजनीतिक दल से ज़्यादा देने को तैयार है। सबने ठेका ले रखा है अर्थव्यवस्था को डुबाने का! जब तक हमारा देश वेनेज़ुएला या ज़िम्बाब्वे नहीं बन जाता, तब तक शायद किसी की नींद नहीं खुलेगी।

कोई ये नहीं सोचता कि पैसे पेड़ पर नहीं लगते। ये अर्थव्यवस्था का बहुत बड़ा असंतुलन है। हमारा देश सीमित संसाधनों और भौगोलिक क्षेत्र के साथ अधिक जनसंख्या का असंतुलन तो झेल ही रहा है, ऊपर से राष्ट्रीय सुरक्षा इतनी 'मजबूत' है कि हर रोज़ हज़ारों अवैध घुसपैठिए हमारे देश में घुस जाते हैं और भ्रष्टाचार के विशेष सहयोग से कुछ ही समय में देश के नागरिक भी बन जाते हैं। फिर उन्हें बसाने और पालने-पोसने के लिए तो

हमारे देश के नेता तैयार बैठे ही हैं। यदि किसी देश की सीमाएं सुरक्षित नहीं होंगी, तो वह कितना भी विकसित हो जाए, उसे खोखला होने से कोई नहीं रोक सकता।

अंदर से 'फ्रीबीज़' नाम का दीमक हमारे देश को खा रहा है। नेताओं पर तो वैसे ही भरोसा बहुत कम किया जाता है, लेकिन इस देश की जनता पर भी अब भरोसा नहीं किया जा सकता। 'मुफ्त' शब्द सुनते ही उनके मुंह में पानी आ जाता है। इस मुफ़्त के लिए कुछ भी करेंगे, किसी भी हद तक जाएंगे। फिर, जब तक पानी नाक तक नहीं आएगा, तब तक नींद नहीं खुलेगी।

एक देश क्या होता है? उसकी एक भौगोलिक स्थिति होती है, वहाँ जो लोग रहते हैं वो देश की जनता है, उन्हीं से देश बनता है। लेकिन हम जनता ही तो हैं जो अपने देश को – अर्थात खुद को – दीमक की तरह खा रहे हैं। हमें सोचना चाहिए कि जीवन में ईश्वर की दी हुई सांसों और प्रकृति के अलावा कुछ भी मुफ़्त नहीं होता – कुछ भी नहीं! किसी न किसी तरह उसका भार हम जनता पर ही पड़ता है, कभी महंगाई के रूप में, कभी मुद्रास्फीति के रूप में, जैसा कि बर्बाद हो चुके देशों में हो रहा है।

हमें सोचना चाहिए कि कोई भी नेता अपनी जेब या तनख्वाह से पैसे नहीं बांटता, न ही कोई अतिरिक्त नोट छाप सकता है। इस देश में रिश्वत लेना अपराध है, लेकिन नेताओं का भौतिक वस्तुओं और पैसे के रूप में रिश्वत देना एक फैशन बन गया है। जी हां, यह रिश्वत है, घूस है – कोई मूलभूत सुविधा नहीं, जिस पर जनता का हक़ है।

इस देश की अजीब विडंबना है – कर्तव्यों और अधिकारों में कोई संतुलन ही नहीं है। जो नागरिक ईमानदारी से आयकर देकर अपना कर्तव्य निभा रहा है, उसके अधिकार में साफ़ हवा, पानी, अच्छी सड़कें, अच्छे सरकारी अस्पताल, सरकारी स्कूल – कुछ भी नहीं मिल रहा है। वहीं जो आयकर नहीं दे रहा है, या कर योग्य आय होने के बाद भी कर की चोरी कर रहा है, वह अधिकार से फ्रीबीज़ ले रहा है। देश का नागरिक तो छोड़ो, अवैध घुसपैठिया भी ले रहा है।

गरीब वर्ग को केवल मुफ़्त स्वास्थ्य, शिक्षा और रोज़गार देना चाहिए, ताकि वो सक्षम बने। मासिक भत्ता, राशन, सिलेंडर, बिजली, पानी – मुफ़्त

में लेकर किसी का उद्धार नहीं होने वाला, न ही हमेशा मुफ़्त में जीवन चलने वाला है। बेहतर है, सक्षम बनिए ताकि खुद का और देश का बेहतर निर्माण कर सकें।

फ्रीबीज़ आती हैं टैक्स के पैसों से और यही फ्रीबीज़ केवल आयकर भरने वालों को मिलने लग जाएं, तो देखिए कितने लोग आयकर भरना शुरू कर देंगे। ये सब खराब कर-व्यवस्था का नतीजा है, जबकि कर-व्यवस्था का आसान सा नियम तो यही है कि जितना कर लो, उतना मूलभूत सुविधाओं के द्वारा लौटाओ।

क्या हमारे देश के नेता ऐसा कानून बना सकते हैं कि कर योग्य आय और आयकर देने वाले नागरिकों को ही फ्रीबीज़ दी जाएंगी? सरकारों का मूल काम तो यही है – उचित कर व्यवस्था और उसका उचित वितरण। लेकिन भारत में उल्टा ही चल रहा है। जो लोग फ्रीबीज़ के भरोसे जीवन जीते हैं, उनका भविष्य अंधकारमय ही रहेगा। गिरती अर्थव्यवस्था का तीर सबसे पहले उन्हीं को लगेगा। मुफ़्त के 1500 रुपये या 15000 रुपये भी महंगाई की मार नहीं झेल पाएंगे।

हर बार हम सरकार की नीतियों और योजनाओं को ग़लत नहीं ठहरा सकते। कुछ नीतियां और योजनाएं अच्छी और उपयोगी भी होती हैं, लेकिन हम खुद को कभी दोष नहीं देते। सरकारों और प्रशासन को हर कोई गाली देता है, लेकिन हमने भी तो रेवड़ियां खाने के लिए वोट दिए। फिर उस रेवड़ी को पाने के लिए कई लोग नकली दस्तावेज लगाते हैं, अपनी आय कम बताते हैं, अपनी संपत्ति छुपाते हैं – और यह सबको पता है, फिर भी यह सब धड़ल्ले से चल रहा है, क्योंकि अपना-अपना स्वार्थ जो सिद्ध हो रहा है।

कलेक्शन डाटा जारी होता है कि कितने लाख करोड़ टैक्स वसूल हुआ, कितना जीएसटी प्राप्त हुआ।

उसी का बैलेंस बनाते हुए क्या कभी सरकार यह जारी करती है कि उन पैसों में से कितना इंफ्रास्ट्रक्चर पर, कितना शिक्षा पर, कितना स्वास्थ्य पर और कितना मूलभूत सुविधाओं पर ख़र्च हुआ?

बस अख़बारों में यही पढ़ने को मिल जाता है कि महिलाओं को मुफ़्त पैसे बाँटने से सरकार पर इतने हज़ार करोड़ का अतिरिक्त बोझ आएगा,

जबकि हेडलाइन्स यह होनी चाहिए कि जनता पर इतने हज़ार करोड़ का बोझ आएगा, क्योंकि यह पैसा अंततः जनता को ही चुकाना है। लोग यह भूल जाते हैं कि हमें जो मिल रहा है, वह 'मुफ्त' नहीं है।

हर राज्य सरकार और केंद्र सरकार पर क़र्ज़ बढ़ता जा रहा है, और वह कर्ज़ प्रति व्यक्ति जनता पर ही आता है। सरकार जब भी अपने कर्मचारियों की वेतनवृद्धि लागू करती है, तब यह बताया जाता है कि सरकार पर इतने हज़ार करोड़ का अतिरिक्त बोझ आएगा। लेकिन यह भी तो बताया जाए कि उसी वेतनवृद्धि से आयकर के रूप में सरकार को कितने करोड़ रुपये वापस मिलेंगे। यह एक आर्थिक चक्र है – दुनिया की कोई भी सरकार मुफ़्त में कुछ नहीं देती, न ही दे सकती है।

कर योग्य आय होने पर भी यदि आप कर नहीं देते, तो आयकर विभाग का नोटिस आता है और सज़ा का प्रावधान भी है। लेकिन उसी प्राप्त कर-राशि को मुफ़्त में बाँटने वालों को न तो कोई नोटिस मिलता है और न ही कोई सज़ा का प्रावधान है। देश में आयकर देने वालों की संख्या लगभग 2.5% है, फिर भी आयकरदाताओं को कोई विशेष आरक्षित या प्रीमियम सेवा नहीं दी जाती। प्रत्येक नागरिक जिस भी वस्तु या सेवा का उपयोग करता है, उस पर वह कर चुकाता है, लेकिन मुफ़्त की रेवड़ी किस श्रेणी की वस्तु या सेवा है जिसे वोट के बदले, कर न देने वालों को भी बाँट दिया जाता है? इसे देने वालों को यह अधिकार किसने दिया, और इस पर सवाल क्यों नहीं उठता? या तो जिस प्रकार सरकारें आयकर, शिक्षा उपकर और अन्य कर वसूलती हैं, उसी प्रकार एक फ्रीबीज़ कर लागू करें, ताकि भरने वाले को साफ़ पता हो कि यह 'फ्रीबीज़ कर' है और इसे भरकर मैं ठगा जा रहा हूँ।

इसलिए आमजन को गंभीरता से सोचना होगा कि मुफ़्त की रेवड़ी आज भले मीठी लगे, लेकिन भविष्य में उसी की मिठास से मधुमेह रोग भी लग सकता है। तय तो जनता को ही करना है कि क्या सही है, क्योंकि राजनीतिक प्राथमिकताएँ हमेशा जनता के हित में नहीं होतीं। मुफ़्त की रेवड़ियों का दामन छोड़िए – मुफ़्त में सेवाएँ और वस्तुएँ केवल ईश्वर और माता-पिता ही दे सकते हैं।

13

भाषा

कोई भी भाषा हम मनुष्यों के बोलने, समझने और आपसी संवाद का एक माध्यम है। भाषा हम सबको जोड़ती है। हमारा देश भारत विभिन्न भाषाओं का देश है। यहाँ हर प्रांत, प्रदेश और क्षेत्रवार कितनी सारी भाषाएँ बोली जाती हैं, लेकिन अधिकतर हिस्से में हिंदी बोली जाती है, इसलिए यही हमारी राजभाषा है।

किन्तु आज भी हिंदी राष्ट्रभाषा के सम्मान से वंचित है। हम अपनी मातृभाषा, क्षेत्रीय भाषा या हिंदी – जो भी बोलते हैं – उसकी दुर्गति स्वयं हमने ही की है। हम अपनी ही भाषा का सम्मान नहीं करते हैं। हमारी भाषा हमारे जीवन का मूल है, लेकिन हम ही इसे विलुप्त करने पर तुले हुए हैं, क्योंकि घर पर हम अपनी भाषा में बात ही नहीं करते और न ही अपने बच्चों को सिखाते हैं। हर कोई अंग्रेज़ी बोलने सीखने की अंधी दौड़ में लगा हुआ है। हिंदी में बात करना या लिखना सबको अपमानजनक लगता है–वो भी अपने ही देश में!

हिंदी को ख़त्म करने में हमारी शिक्षा-प्रणाली और शिक्षा-व्यवस्था का बहुत बड़ा योगदान है। आज हर कोई अपने शहर में जाकर पता कर ले कि वहाँ हिंदी माध्यम के स्कूल बचे ही कितने हैं। जिस देश में एक क्षेत्रीय भाषा के साथ अन्य सारे विषय हिंदी माध्यम में होने चाहिए, वहाँ एक क्षेत्रीय भाषा और एक हिंदी भाषा का ही विषय बचा है, जबकि एक अंग्रेज़ी विषय छोड़कर सारे विषय हिंदी भाषा में होने चाहिए।

लेकिन विद्यालय तो इससे भी आगे हैं – बच्चों को घर और बाहरी दुनिया में भी अंग्रेज़ी में बात करने का दबाव बनाया जाता है। कुछ स्कूलों में तो हिंदी बोलने पर दंडित भी किया जा रहा है। इस पर शिक्षा-विभागों का कोई नियंत्रण नहीं है। यह उस भाषा की गुलामी नहीं है तो और क्या है–कि जिस भाषा का, अपने देश में रहते हुए, कोई ऐसा उपयोग या आवश्यकता नहीं कि इसके बिना हमारा जीवन ही रुक जाए, या हमें दैनिक रूप से अंग्रेज़ी भाषा वाले देशों या लोगों से व्यापार-व्यवहार करना हो, या दिन-रात उठना-बैठना हो–फिर भी हमारे देश में ही सेमिनार, कॉन्फ्रेंस, कार्यालय-सभाएँ, सांस्कृतिक कार्यक्रम, टीवी वाद-विवाद, समूह-चर्चा, अवॉर्ड महोत्सव और भी बहुत सारे कार्यक्रम अंग्रेज़ी भाषा में ही संपन्न किए जाते हैं।

अंग्रेज़ी विषय होना चाहिए सिर्फ़ सीखने के लिए, न कि पूरा पाठ्यक्रम। मज़े की बात यह है कि अंग्रेज़ी माध्यम में पढ़ने वाले कई बच्चों की न अंग्रेज़ी पूरी तरह अच्छी है, और हिंदी का स्तर तो बहुत ही निम्न है। यह स्थिति ऐसे ही रातों-रात नहीं हुई है–पिछले 40-50 वर्षों से अंग्रेज़ी को हमारे दिमाग में एक मीठे ज़हर की तरह घोला जा रहा है। मैं यहाँ अंग्रेज़ी भाषा का अपमान या निंदा नहीं कर रहा, बल्कि तार्किक बात कर रहा हूँ। भले ही अंग्रेज़ी एक अंतर्राष्ट्रीय भाषा है, क्योंकि वह अधिकतर राष्ट्रों में बोली जाती है, लेकिन उसका हमारे राष्ट्र में इतना दखल क्यों? यहाँ बोलने वाले हिंदीभाषी, सुनने वाले हिंदीभाषी, सामान्य बोलचाल और कार्य की भाषा हिंदी–तो जो अंग्रेज़ी भाषा हमें ठीक से आती भी नहीं, उसका क्या काम? और उसे थोपना ज़रूरी क्यों है?

कोई अंग्रेज़ भारत आता है तो वह अंग्रेज़ी ही बोलता है, हिंदी सीखकर नहीं आता। आप चीन जाएँगे, स्पेन जाएँगे, जर्मनी जाएँगे, या जिस भी देश में जाएँगे – आपको वहाँ की भाषा ही मिलेगी और उसी भाषा में ही बात करनी पड़ेगी। उन देशों में पढ़ाई और सामान्य कार्य भी उन्हीं की भाषा में होते हैं।

ऐसा हमारे देश में भी है, परन्तु कई विभागों और संस्थानों में अंग्रेज़ी में भी कार्य होता है और उसे ही प्राथमिकता दी जाती है। कई नौकरियों में साक्षात्कार एवं समूह-चर्चा के लिए अंग्रेज़ी में बात करना ही अनिवार्य होता

है, लेकिन यह क्यों और किसके लिए? क्या हर भारतीय को किसी अंग्रेज़ी-भाषी देश में जाकर कार्य करना है? हमेशा वहीं रहना है? या उसके बिना हमारा कार्य अधूरा रह जाएगा? हाँ, सम्बंधित विभाग – जैसे विदेशी मामलों का मंत्रालय या ऐसी कम्पनियाँ जिनका विदेशों में रोज़ का व्यवसाय होता हो–वहाँ यह अनिवार्यता समझ में आती है, लेकिन हमारा तंत्र ही हिंदी की प्रधानता को कम कर रहा है।

वर्ना स्वतंत्र भारत के 75 वर्षों में हिंदी को इतना मज़बूत तो किया जा सकता था कि दूसरी भाषा के लोग इसे सीखते और अपनाते। हिंदी का विस्तार एक अंतर्राष्ट्रीय भाषा के रूप में होना चाहिए था। यदि हम खुद इसे इतना महत्व देते तो कोई विदेशी हमसे व्यापार या व्यवहार करने के लिए हिंदी सीखता और बात करता।

आज करोड़ों भारतीय हिंदी का कोई शब्द सीखने या उसका अर्थ जानने के लिए गूगल का प्रयोग हर रोज़ करते हैं, जबकि हिंदी हमारी ही भाषा है। हमारा शब्दकोष और शब्दज्ञान केवल हिंदी साहित्य एवं व्याकरण की पुरानी किताबों में ही दबा रह गया है। वर्णमाला का 'क' से 'ज्ञ' तक किसी को ठीक से याद नहीं। हिंदी की उपेक्षा का स्तर वहाँ तक पहुँच चुका है कि देशभर की कई परीक्षाओं एवं कार्यप्रणालियों में हिंदी को वैकल्पिक दर्जा मिल चुका है–अर्थात हिंदी को विकल्प के रूप में चुनना पड़ता है, जो कि एक अनिवार्य विकल्प होना चाहिए।

पहले चिट्ठियाँ केवल हिंदी या अपनी मातृभाषा में ही लिखी जाती थीं। उनमें एक अपनापन था, प्रेम और विचारों का भाव था, रिश्तों की सुगंध होती थी, बड़ों को चरण-स्पर्श और बच्चों को आशीर्वाद दिया जाता था। लेकिन वह दौर अब विलुप्त हो चुका है। आजकल ईमेल (इलेक्ट्रॉनिक डाक) का दौर आ चुका है–वह भी कार्य के संचार-माध्यम के लिए! मैं दावे के साथ कह सकता हूँ कि भारत के 99.99% ईमेल लोग अंग्रेज़ी भाषा में ही करते होंगे।

आज बच्चों की हिंदी की कॉपी के आवरण-पृष्ठ पर नाम, कक्षा और विषय तक अंग्रेज़ी में लिखा होता है, किन्तु अभिभावक या शिक्षक इस ओर कभी ध्यान नहीं देते और न ही बच्चों को सिखाते हैं। मैं तो दावे से कहता हूँ

कि जो लोग यह पढ़ेंगे, उनमें से कई लोग पहले 'आवरण पृष्ठ' का अर्थ गूगल में खोजेंगे।

मैं यह नहीं कह रहा कि हर जगह, हर समय कठिन और मूल हिंदी भाषा का प्रयोग कीजिए या करना चाहिए, परन्तु सामान्य बोलचाल, शिक्षा एवं कार्य में इसे महत्व और प्राथमिकता दीजिए। जैसे सामान्य बोलचाल में हम दिन में कई बार अंग्रेज़ी शब्दों का प्रयोग करते हैं, परन्तु बात तो हिंदी में ही हो रही है न! इसी प्रकार अंग्रेज़ी को अपने कार्य, शिक्षा और जीवनशैली में भी इतना ही महत्व और स्थान दीजिए। इससे भाषा आपकी, मेरी और हमारी ही जीवित रहेगी, अन्यथा हमारी भाषा की जननी संस्कृत की वर्तमान स्थिति से हम सभी परिचित हैं।

मनुष्य की आयु कितनी होगी यह उसके हाथ में नहीं, किन्तु मातृभाषा की आयु हमारे हाथ में है। यदि हम पीढ़ी दर पीढ़ी इसे सौंपते रहेंगे तो वह जीवित रहेगी। इसलिए अपनी मातृभाषा को 'मातृ' बनाए रखिए, कहीं वह केवल 'मात्र' न रह जाए।

14

आहार

आहार मुख्य रूप से दो तरह के होते हैं–शाकाहार और मांसाहार–जिसे पृथ्वी पर रहने वाला हर जीव ग्रहण करता है। यह हम सबको पता है कि जानवरों को प्रकृति ने जैसा बनाया है, वे उसी प्रकार का आहार ग्रहण करते हैं। केवल हम मनुष्य ही बड़े भाग्यशाली हैं, जिन्हें शाकाहार और मांसाहार में भी कई प्रकार के विकल्प मिले हुए हैं, क्योंकि शाकाहार के लिए हम कई प्रकार की फसलें उगाते हैं और प्रकृति से कई प्रकार के मसाले लेते हैं, फिर अपने स्वाद और पसंद अनुसार शाकाहार या मांसाहार के साथ बनाकर खाते हैं।

शाकाहार तो प्रकृति का दिया हुआ सबसे अनमोल उपहार है, किन्तु स्वाद के लिए मांसाहार खाना और उसे स्टेटस सिम्बल मानना मनुष्य की प्रवृत्ति हो चुकी है। विश्व भर में जहाँ देखो, मांस का बाज़ार बना हुआ है। हर देश उसका आयात-निर्यात करता है, अरबों डॉलर का व्यापार है। हमारा देश भारत, जिसे शुद्ध सात्विक और शाकाहारी भोजन का जनक माना जाता है, वहाँ भी आज मांसाहार का सेवन दिन-प्रतिदिन बढ़ता जा रहा है।

प्राचीन काल में मनुष्य जब जंगलों में रहता था, विकसित नहीं था, तब कच्चा मांस खाता था; लेकिन आज के युग में हम मानसिक, शारीरिक और आर्थिक रूप से विकसित हो चुके हैं, फिर भी मांसाहार को सर्वोत्तम आहार मानते और समझते हैं। यहाँ मनुष्य पूर्ण रूप से स्वार्थी है, क्योंकि मांस तो

मांस है, लेकिन उसे केवल बेज़ुबान जानवर का ही मांस चाहिए। आपने कहीं मनुष्य के मांस का बाज़ार नहीं देखा होगा। यदि मांस खाने वाले इंसान को इंसान का मांस दे दिया जाए, तो 99.99% इंसान उसे खाने से मना कर देंगे।

जानवरों का मांस तो पैसों में बेचा जाता है, लेकिन इंसान का मांस बेशकीमती होता है। उसे कहीं खरीदा या बेचा नहीं जाता; बल्कि इंसान को मारने पर तो सज़ा भी होती है। जबकि जानवरों को मारने पर कोई सज़ा नहीं है। यह कानून और विधान भी इंसानों द्वारा ही बनाया गया है। इंसान बहुत लालची और स्वार्थी होता है। यह तो अच्छा है कि जानवरों का खून मनुष्य के खून से नहीं मिलता, न ही चढ़ाया जा सकता है; वरना इंसान जानवरों का पूरा खून ही चूस लेता और पूरे विश्व में उनके खून का एक बड़ा बाज़ार होता, शायद मांस के बाज़ार से भी बड़ा।

मांस का सेवन करना लोगों की पसंद और आदत बन चुका है। पहले यह पूर्वजों से पीढ़ी-दर-पीढ़ी विरासत में मिलता था – जैसे कोई मनुष्य ऐसे परिवार में पैदा हुआ, जहाँ हर समय मांसाहार का सेवन किया जाता हो, तो उसे बचपन से खिलाया जाता है; यह उसके लिए एक सामान्य बात है। और कोई मनुष्य शाकाहारी परिवार में पैदा हुआ, तो उसे बचपन से ही शाकाहार की आदत होगी, यहाँ तक कि उसे मांस देखते ही उल्टी आने लगती है।

इसलिए विरासत में जो आहार आपको मिला, आपने उसे अपने जीवन में शामिल कर लिया। लेकिन आज, 21वीं सदी में, जहाँ हम खड़े हैं, हमें सब पता है कि मांसाहार की क्या कीमत है–यहाँ कीमत पैसों की नहीं, किसी जीव की ज़िंदगी की कीमत है। इस मांस को खाने के लिए किसी प्राणी की साँस छीनी गई है।

खाने के लिए संघर्ष करना तो जानवरों का काम है। शाकाहारी जानवर प्रकृति से अपना भोजन लेता है और मांसाहारी जानवर दूसरे जानवरों का शिकार करके अपना पेट भरता है। लेकिन हम इंसानों की क्या मजबूरी कि मांस आहार में लेना ही है, जबकि हमारे पास शाकाहार के इतने विकल्प मौजूद हैं! हम उसे उगाते हैं, बनाते हैं, फिर भी आज–किसी और देश को तो छोड़िए–हमारे देश भारत में ऑनलाइन खाना ऑर्डर करने में मांसाहार का प्रतिशत शाकाहार से भी अधिक है।

कोई भी आहार लेना किसी भी व्यक्ति की व्यक्तिगत अभिव्यक्ति है, लेकिन आहार हमारे जीवन का केंद्र है, जिससे हम और हमारा शरीर ऊर्जा प्राप्त करते हैं। इसलिए मेरा यह मानना है कि मनुष्य को आहार सोच-समझकर लेना चाहिए, क्योंकि यह सिर्फ़ स्वाद का विषय नहीं, किसी के जीवन-मरण का विषय है। कुछ लोग तो जीवन में केवल फलाहार ही ग्रहण करते हैं, अर्थात उसके सहारे भी जीवन जिया जा सकता है; किन्तु हमारे पास शाकाहार का इतना अच्छा विकल्प मौजूद है। हमारे भारत देश में तो विभिन्न प्रकार के शुद्ध सात्विक भोजन के कई विकल्प हैं; यहाँ क्षेत्रवार हर कुछ दूरी पर भोजन की कितनी विविधताएँ और विशेषताएँ हैं।

हमारे देश में ही कितने प्रकार के अनाज, दालें, खाद्यान्न और सब्जियों की खेती की जाती है, लेकिन मांस की कोई खेती नहीं होती–वह किसी को मारकर प्राप्त किया जाता है। ज़रा सोचिए, हम इंसानों के शरीर का कोई महत्वपूर्ण अंग जब खराब हो जाए, तब हम मन ही मन दुखी और परेशान हो जाते हैं, उल्टी गिनती गिनते हैं कि जीवन बस इतने ही दिन बचा है; लेकिन जीवन भर मांस के टुकड़े और जानवरों के महत्वपूर्ण अंग बड़े चाव से खाते हैं, तब बहुत अच्छा लगता है।

इंसान जब बीमार अवस्था में बिस्तर पर होता है, तब कई बार ऐसी स्थिति आती है जब डॉक्टर उसकी आहार नली में पाइप लगाकर तरल पदार्थ देता है – सोचिए, उस वक़्त इंसान कुछ खाने लायक नहीं रहता; शाकाहार या मांसाहार तो दूर की बात है। इसलिए आहार बहुत सोच-समझकर कीजिए। शाकाहार से तंदुरुस्ती आती है और मांसाहार से बीमारियाँ। आपने कई बार सुना होगा कि अमुक व्यक्ति की खाना खाते वक़्त गले में हड्डी फंसने से मृत्यु हो गई–यह सिर्फ़ मांसाहार खाने में ही होता है।

ताज़ी उगाई सब्ज़ियाँ तो कुछ दिन चलती हैं, अनाज कुछ महीनों तक; लेकिन मांस कुछ ही घंटों में सड़ने लगता है, इसलिए उसे महीनों तक बड़े-बड़े फ्रीज़रों में रखकर बेचा जाता है। जब किसी इंसान की मृत्यु होती है, तब उसे कुछ ही घंटों में जलाया या दफना दिया जाता है – वह हमारा परिजन हो तो भी हम उसे फ्रीज़ करके नहीं रखते, न ही रखना चाहिए। तो फिर जानवरों के महीनों रखे मांस को क्यों खाते हैं, कभी सोचा है?

आजकल आधुनिकता के नाम पर भारतीय लोग चाइनीज़, अमेरिकन, स्पेनिश, इटैलियन फ़ूड का सेवन ज़्यादा करते हैं, जबकि भारतीय शाकाहारी भोजन विश्व में सबसे स्वादिष्ट और सर्वश्रेष्ठ है, क्योंकि वह ताज़ा बनता है। जबकि विदेशी खाना ज़्यादा दिनों तक चले, वैसा बनाया जाता है; इसलिए वह पैक्ड होता है और उसमें भी ज़्यादातर किसी न किसी जानवर का मांस होता है। इसलिए हमें भारतीय खाने पर गर्व होना चाहिए–यह हमारी धरोहर है और इसकी रक्षा करना हमारा कर्तव्य है। इसलिए शाकाहार अपनाइए और अपनी भावी पीढ़ी को भी वही विरासत दीजिए।

आहार के विचार

आहार के हैं कई प्रकार,
जैसा भोजन, वैसे विचार।
मांसाहार में है अत्याचार,
प्रकृति भी करती यही पुकार।
शाकाहार से चलता संसार,
सादगी में है जीवन अपार।

15

दान

दान (डोनेशन) कितना अच्छा शब्द है, किन्तु यह शब्द केवल दान लेने वाले को ही अच्छा लगता है, क्योंकि इसे लेने वालों की संख्या अधिक है। जिसे आवश्यकता नहीं, वह भी इसे लेने की फ़िराक में रहता है। किसी को तो अपने माता-पिता की विरासत भी दान में चाहिए, और न मिले तो छल या बल से ही चाहिए, पर चाहिए। कहते हैं – गुप्तदान महादान– अर्थात दान कीजिए गुप्त रूप से, ताकि आपके दूसरे हाथ को भी पता न चले। ठीक उसी प्रकार, दान लेने वाले को भी जितनी आवश्यकता हो और जितनी क्षमता हो, उतना ही दान लेना चाहिए। दान हर किसी को नहीं लेना चाहिए, लेकिन दान हर एक व्यक्ति को करना चाहिए।

दान केवल पैसों या संपत्ति का ही नहीं होता, आप जीवन में खुशियों का भी दान कर सकते हैं। दान के और भी कई प्रकार हैं, जैसे–सुखों का दान, मानवता का दान, अच्छाई का दान। इनमें कुछ दान भौतिक वस्तुएं हैं, कुछ नहीं हैं, लेकिन आपकी क्रियाओं से इनका दान किया जा सकता है, जैसे–रक्तदान, वस्त्र दान, शिक्षा का दान, अंगदान, अन्नदान, निःशुल्क उपचार, श्रमदान, निःस्वार्थ सहायता आदि। इन सब दान को आप किसी जरूरतमंद को करेंगे तो किसी को खुशी की अनुभूति होगी, किसी को सुख का अनुभव होगा, किसी का जीवन बनेगा, किसी का शरीर स्वस्थ होगा। किसी भी प्रकार के दान के लिए पैसों की आवश्यकता नहीं होती। आप

खुशी, स्वास्थ्य, उपचार, शिक्षा, किसी की सहायता, कभी भी बिना पैसे के कर सकते हैं।

दान हर एक मनुष्य को करना चाहिए। इसे अपनी क्षमतानुसार हर कोई कर सकता है। एक छोटा बच्चा भी अपने खिलौने या जेब-ख़र्च में से कुछ पैसे बचाकर दान कर सकता है। एक निश्चित आमदनी वाला व्यक्ति भी अपनी कमाई का एक निश्चित प्रतिशत दान कर सकता है। बस एक बार अपने अंदर देने का भाव तो लाइए, इससे आपको मन में आंतरिक खुशी और सुख का अहसास अवश्य होगा। देने से आपकी आत्मा की शुद्धि होगी, मन पवित्र होगा। दिल से दान करके देखिए, आपको 100 प्रतिशत मानसिक खुशी मिलेगी।

लेकिन दान का एक नियम है – इसे खुद तक ही सीमित रखना चाहिए। इसका ढिंढोरा पीटना या विज्ञापन करना उचित नहीं। जैसे, लोग अपना नाम अंकित करवा देते हैं, आजकल तो सोशल मीडिया पर दान करने के वीडियो अपलोड करते हैं। कई नामी लोग टैक्स में छूट पाने के लिए अपने परिचितों या अपनी संस्थाओं को दान देकर वहीं से पैसा वापस ले लेते हैं–अर्थात दान में भी बेईमानी! बल्कि इसे तो देकर मन से भी निकाल देना चाहिए कि आपने कुछ किया भी था।

दान लेने के लिए फ़र्ज़ी NGO खोलना, संस्थाएं खोलना, सोशल मीडिया कैंपेन चलाना, ट्रस्ट बनाना–लोगों ने इसे पेशा बना लिया है। इसलिए दान देने वाले को भी सतर्क रहना चाहिए कि वह पैसे या कोई भी वस्तु जिसे भी दे रहा है, वह सही जगह या जरूरतमंद तक पहुँच रही है या नहीं। इरादा आपका नेक हो सकता है, किन्तु हर किसी का नहीं। कोई भी असल दान करने वाला व्यक्ति, ट्रस्ट या संस्था किसी से भी मदद के लिए पैसे या वस्तुएं नहीं मांगता, वह चुपचाप अपना काम करता है। उसकी असली ख्याति जानते हुए लोग स्वेच्छा से उसको दान करते हैं।

इसे आप महान उद्योगपति स्व. श्री रतन टाटा जी के जीवन से सीख सकते हैं। उनकी कई कंपनियों के उत्पाद दुनिया के लगभग हर देश में बिकते हैं, और उन्होंने अथाह धन कमाया है, लेकिन दूसरे हाथ से बिना गिने अथाह धन दान भी किया है। मीडिया रिपोर्ट्स और आंकड़ों में आता रहता है कि

उन्होंने इतनी-इतनी राशि अब तक दान की है, लेकिन उन्होंने स्वयं न कभी ये आंकड़े बताए, न जारी किए, न उनकी पुष्टि की, न कभी अपने मुख से उसका बखान किया। वे हमारे देश की एक ऐसी अनमोल शख्सियत थे, जिन्हें जानने वाला शायद ही कोई व्यक्ति होगा जो उन्हें पसंद न करता हो। वे मृत्यु के पश्चात् आज भी करोड़ों दिलों पर राज करते हैं और करते रहेंगे। देने की यह कला हमें उनसे सीखनी चाहिए और अपनी क्षमतानुसार निःस्वार्थ होकर दान करना चाहिए।

इसी प्रकार दान लेने के लिए भी कुछ नियम होते हैं। यदि आपको किसी वस्तु की आवश्यकता न हो या आप उसे खरीदने में सक्षम हों, तो उसे दान में कतई नहीं लेना चाहिए। मैंने ऐसे कई लोगों को देखा है जो सक्षम होते हुए भी जहाँ से जितना भी निःशुल्क मिल रहा है, कहीं दान बँट रहा है, वहाँ से ले-लेकर जमा करते रहते हैं। आप भी अपने आस-पास ऐसे कई लोगों को जानते होंगे। इसलिए, जीवन में आपके पास कुछ न हो, आपको आवश्यकता हो, तो भी पहले उसे अर्जित करना सीखिए। फिर भी उस आवश्यक वस्तु की व्यवस्था नहीं कर पा रहे हों, तो ही दान लेने के लिए सोचें। अन्यथा आप कितना भी दान लेकर इकट्ठा कर लें, कभी न कभी तो उसका भुगतान करना ही पड़ेगा। इसलिए अपने अंतर्मन को समझाइए, उसे बदलिए और देना सीखिए, लेना नहीं; क्योंकि जीवन का असली सुख देने में है, लेने में नहीं। पर्याप्त होते हुए भी निःशुल्क प्राप्त करने वालों से अच्छा तो कूड़ादान है; कम से कम वह यहाँ-वहाँ हमारा ही फैलाया हुआ कचरा स्वयं में इकट्ठा कर रहा है। पृथ्वी पर रहने वाले लोग यदि अपना कचरा भी कूड़ेदान में दान कर दें, तो भी हमारी पृथ्वी साफ-सुथरी रहेगी। और कचरा-दान तो हर एक मनुष्य कर ही सकता है। इसलिए अपनी कमाई का कुछ हिस्सा दान कीजिए और पुण्य कमाइए। दान करना हम मनुष्यों को पेड़ से सीखना चाहिए, जो जीवित रहते हमें अपनी छाँव, अपने फल और ऑक्सीजन देता है, और मरने के बाद अपनी लकड़ी भी; बदले में हम उसे पानी और सुरक्षा तो दे ही सकते हैं।

16

सेवा

मनुष्य जीवन में सेवा का बहुत महत्व है। कहते हैं ना, "सेवा करोगे तो मेवा मिलेगा," लेकिन जीवन में मेवा मिले-न मिले, सेवा सबको करनी चाहिए। आप किसी भी समुदाय, समाज या देश से हों, पहले तो इन्सान ही हो। जैसे कोई समाज की सेवा करता है, वह समाजसेवी कहलाता है, जो देश की सेवा करता है, वह सैनिक कहलाता है। सेवा हमेशा नि:स्वार्थ एवं बिना प्रतिफल के होनी चाहिए। जैसे एक महान संत श्री हिरदाराम साहिब जी कहते थे – "बूढ़े-बच्चे और बीमार हैं परमेश्वर के यार, करें भावना से इनकी सेवा पाएंगे लोक-परलोक में सुख अपार।" और वह वास्तव में ऐसे संत थे भी! स्वयं छोटी सी कुटिया में रहते थे, बिल्कुल सादा जीवन, सादे वस्त्र, सादा खान-पान। उन्होंने अपना पूरा जीवन मानव सेवा को समर्पित कर दिया। उनके वचनों का अनुसरण करते हुए समाज के कई प्रतिष्ठित लोग उनके इस नेक कार्य में योगदान देने लगे। आज उनके नाम से कई ट्रस्ट, सेवा संस्थान, शिक्षा संस्थान, अस्पताल संचालित हो रहे हैं जो समाज एवं गरीब वर्ग की निरंतर सेवा कर रहे हैं। केवल उनके नाम पर समाज के कई लोग करोड़ों रुपए दान देते हैं, कोई महंगी मेडिकल मशीनरी देता है, कोई डॉक्टर अपनी सेवाएँ नि:शुल्क देता है, कई लोग रोगियों की नि:स्वार्थ सेवा करते हैं। आज तक उनके लगाए उपचार शिविरों में लाखों लोग अपना नि:शुल्क उपचार करा चुके हैं। संत हिरदाराम जी का जन्मस्थान राजस्थान के अजमेर शहर में है।

वहां उनकी एक कुटिया और आश्रम भी है। एक समय वे भोपाल शहर के बैरागढ़ क्षेत्र में आए और वहां भी उन्होंने सेवा का कार्य किया। वहां भी उनकी एक कुटिया है। वहां के लोगों की मांग पर सरकार ने उस क्षेत्र का नाम 'संत हिरदाराम नगर' कर दिया है। संत हिरदाराम जी से हमें सेवा का भाव सीखना चाहिए।

जीवन में दान करने के योग्य हों या न हों, लेकिन सेवा एक निर्धन व्यक्ति भी कर सकता है। सेवा करने के लिए आपको समाज में जाना भी आवश्यक नहीं। जैसे माता-पिता अपने छोटे बच्चे की हर प्रकार से सेवा करते हैं, उसी प्रकार हर संतान को अपने वृद्ध माता-पिता की सेवा करनी चाहिए। घर परिवार में कोई बीमार है तो उसकी सेवा करनी चाहिए। यदि आपको समाज में सेवा करनी है तो वृद्धाश्रमों में, अनाथालयों में कई लोग मिलेंगे जो अपनों के ही सताए हुए हैं। उनसे मिलिए, उनकी सेवा कीजिए, उनके सुख-दुःख बाँटिए। सेवा करने में बहुत संतुष्टि है, लेकिन करेंगे तो ही उसका अनुभव कर पाएंगे। जीवन में पशु सेवा भी परमात्मा की सेवा मानी गई है। आप उन्हें खाने को दे सकते हैं, बीमार पशुओं का इलाज करवा सकते हैं।

सेवा का सबसे बड़ा उदाहरण एवं प्रबल मार्ग सिक्ख गुरु नानक देव जी का है। उनके मार्ग पर सिक्ख समुदाय के लोग आज भी परम सेवा करते हैं। गुरुद्वारों में किसी भी मनुष्य के लिए 24 घंटे लंगर चलते हैं, देश एवं दुनिया में कहीं भी कोई भी आपदा आए, वे लोग कितनी भी विकट परिस्थिति में सेवा करने पहुँच जाते हैं। अमृतसर के स्वर्ण मंदिर में प्रतिष्ठित लोग भी बिना अहंकार के जूते पॉलिश करके भी सेवाकार्य करते हैं। इसलिए सेवा करने की केवल नीयत होनी चाहिए। जीवन में कुछ न करके भी आप सेवा कर सकते हैं, जैसे देश में कचरा एवं गंदगी न करें, नियमों एवं कानून को न तोड़ें, किसी को व्यर्थ परेशान न करें, प्रकृति को नुकसान न पहुँचाएँ; ये भी कई प्रकार की बहुत बड़ी सेवाएं हैं जिनमें ना आपका पैसा लगना है, ना परिश्रम; केवल कुछ न करने का प्रयास भी आपका बहुत बड़ा योगदान होगा। इसलिए मन में सेवा का भाव रखिए, आशीर्वाद का मेवा ईश्वर देगा।

17

उपस्थिति

जीवन में उपस्थिति का बहुत महत्व है और जीवन में उपस्थिति आवश्यक भी है, जैसे कि पृथ्वी सौरमंडल में उपस्थित है, जहाँ हम जीवों के लिए जीवन उपस्थित है। ब्रह्मांड में सूर्य उपस्थित है जो हमें ऊर्जा एवं रोशनी प्रदान करता है, वायुमंडल हमें वायु प्रदान करता है, बादल हमें पानी देते हैं। सोचिए यदि ये सब उपस्थित न होते तो क्या हमारा जीवन संभव था? नहीं। इसलिए जीवन में एक तिनके की भी उपस्थिति बहुत महत्वपूर्ण है। नास्तिक लोग ईश्वर की उपस्थिति को भी नकारते हैं, लेकिन अपनी उपस्थिति को स्वीकारते हैं। कहते हैं, जिसको हमने देखा नहीं उसे हम मानते नहीं, लेकिन हवा को किसी ने देखा है क्या? लेकिन उसे महसूस तो हर कोई करता है। भूख-प्यास, सुख-दुःख, दर्द, भावनाएँ और संवेदनाएँ – इन्हें किसी ने नहीं देखा, लेकिन हम इन्हें महसूस तो करते हैं। इसी तरह ईश्वर, जिसने इस संसार की रचना की, एक अदृश्य शक्ति है; जिसे हम शांत मन से महसूस करें तो उसकी उपस्थिति का भी अनुभव करेंगे। पर ज़्यादातर मनुष्य ईश्वर को केवल दुःख की घड़ी में ही याद करते हैं। फिर भी ईश्वर की सकारात्मक ऊर्जा हमें उनके साथ और आशीर्वाद की उपस्थिति दिखा ही देती है। ईश्वर को हमने अपनी आँखों से साक्षात् कभी न देखा हो, लेकिन अंतर्मन में उनके स्मरण से हम उन्हें देख सकते हैं। जिन लोगों को लगता है कि उन्होंने ईश्वर को कभी नहीं देखा, वह अपने माता-पिता को देख लें, स्वतः ही ईश्वर की उपस्थिति दिखने लगेगी।

ईश्वर और ब्रह्मांड के बाद आती है मनुष्य और जीव-जंतुओं की उपस्थिति। जीवन में सबकी उपस्थिति अनिवार्य है, जैसे छोटे-छोटे कीड़े फसलों को खाते हैं और उन कीड़ों को रेंगने वाले जीव-जंतु खाते हैं, उड़ने वाले, छोटे से बड़े सारे पक्षी, समुद्री जीव, धरती पर रहने वाले जानवर सभी हमारी पृथ्वी और प्रकृति का चक्र चलाते हैं। आप सोचिए यदि इनमें से किसी की भी उपस्थिति न होती तो क्या जीवन संभव होता? नहीं। ठीक वैसे ही मानव जीवन में भी हर मनुष्य की अपनी-अपनी उपस्थिति और योगदान है। ईश्वर ने भी हमारे जीवन का संतुलन बनाए रखने के लिए हर मनुष्य को अलग-अलग प्रतिभा, योग्यता, कौशल और दिमाग दिया है। सोचिए अगर हर कोई पढ़-लिखकर, मेहनत करके सफल और अमीर बन जाए या एक जैसा बन जाए तो क्या कोई भी किसी भी तरह का या हर तरह का काम करता? कभी नहीं करता। दुनिया में मेहनती और आलसी दोनों किस्म के इंसान मौजूद हैं। हमें समाज और दुनिया में संतुलन स्थापित करने के लिए हर तरह के लोगों की उपस्थिति चाहिये ही चाहिये। यदि डॉक्टर न हो तो इलाज कौन करेगा? वकील न हो तो न्याय कौन दिलाएगा? इंजीनियर न हो तो इन्फ्रास्ट्रक्चर कौन बनाएगा? पुलिस न हो तो अपराध कौन रोकेगा? अपराधी न हो तो पुलिस क्या करेगी? मिस्त्री और मजदूर न हो तो मकान कौन बनाएगा? उद्योगपति न हो तो वस्तुएं कहाँ से मिलेंगी? किसान न हो तो फसलें कहाँ से उगेंगी? नेता न हो तो देश कौन चलाएगा? अभिनेता न हो तो मनोरंजन कहाँ से होगा? शिक्षक न हो तो शिक्षा कौन देगा? पंडित न हो तो धार्मिक कार्यक्रम कौन करेगा? वैज्ञानिक न हो तो अविष्कार कौन करेगा? ऐसे ही कवि, लेखक, निर्देशक, खिलाड़ी, मैकेनिक, कारपेंटर, नाई, इलेक्ट्रीशियन, धोबी, कबाड़ी, मोची, परचून वाला या और भी दुनिया के अनगिनत तरह के काम करने वाले लोगों की उपस्थिति आवश्यक है। उन्हीं से ही मनुष्य जीवन का चक्र चल रहा है। आप या मैं किसी भी एक, दो, तीन या चार कामों में पारंगत हो सकते हैं, लेकिन हर अन्य कार्य के लिए मुझे या आपको किसी न किसी की आवश्यकता होगी ही। मैं, या दुनिया का कोई भी बड़ा विद्वान, शिक्षक, समझदार, अनुभवी, सफल व्यक्ति, मनोचिकित्सक या धर्मगुरु – किसी को, मुझे या आपको, चाहे जितना भी समझा ले कि यह सीख लो, यह कार्य कर लो या यह पढ़ लो; फिर भी हर कोई हर काम नहीं कर सकता।

एक स्कूल या कॉलेज को भी हर तरह के विषय पढ़ाने के लिए अलग-अलग विशेषज्ञ शिक्षकों की वश्यकता होती है। एक बड़ी कंपनी में सीईओ और चपरासी दोनों की उपस्थिति ज़रूरी है। दोनों अपना-अपना काम कर सकते हैं, एक दूसरे का नहीं। एक कार बनाने वाली कंपनी को भी सेंसर, चिप, म्यूज़िक सिस्टम और टायर्स भी अलग-अलग कंपनियों से खरीदने पड़ते हैं। मैं यह पुस्तक अपने विचारों और अनुभव से लिख रहा हूँ, लेकिन इसे लिखने के लिए भी डायरी और पेन की आवश्यकता मुझे है। वह भी तो किसी न किसी ने बनाए हैं। फिर इसे छपवाने के लिए किसी प्रकाशक की आवश्यकता होगी। जैसे जल, अग्नि, वायु, आकाश और धरती की उपस्थिति से हमारा जीवन चल रहा है, वैसे ही हर तरह के कार्य करने वाले मनुष्यों की उपस्थिति से हमारा जीवन चक्र चल रहा है। ईश्वर ने हमें हमारे कर्मों के अनुसार जन्म दिया है और हम जिस वातावरण, जिस परिवार, जिस समाज, जिन लोगों के बीच इस दुनिया में आए, हमें जैसी परवरिश मिली, जैसा वातावरण मिला, जैसी सीख मिली, जैसी संगत मिली, वैसा हमने खुद को बनाया और अपने दिमाग को विकसित किया। एक शिक्षित व्यक्ति अपनी संतान को उच्च शिक्षित बनाना चाहता है, लेकिन वह स्वयं किसी ऐसे क्षेत्र में काम करता है जहाँ परिश्रम ज़्यादा और धन काम मिलता हो तो वह नहीं चाहेगा कि मेरी संतान भी वही काम करे। वहीं एक कसाई है, यदि वह अशिक्षित है, क्रूर है, उसे शिक्षा का महत्व नहीं पता, सही-ग़लत का ज्ञान नहीं है, तो वह यही चाहेगा कि मेरी संतान भी कसाई बने। कई व्यवसायी चाहते हैं कि उनकी संतान नौकरी न करके उनका व्यवसाय संभाले; वहीं कई अशिक्षित लोग, जिन्होंने जीवन में अधिक कुछ हासिल नहीं किया, फिर भी चाहते हैं कि उनकी संतान शिक्षित होकर कोई बड़ा काम करे। आपको समाज, देश और दुनिया में हर तरह के कार्य करने वाले लोगों के उदाहरण मिल जाएंगे। इसलिए सबकी उपस्थिति अनिवार्य है; वरना मानव जीवन असंतुलित हो जाएगा। ईश्वर का धन्यवाद करें कि उन्होंने हर प्रकार के मनुष्य को इस संसार में उपस्थित किया।

यह तो हुई प्रत्येक मनुष्य की योग्यता, कुशलता, क्षमता और बुद्धि अनुसार जीवन में उपस्थिति की बात। लेकिन हम सबमें एक बात समान है – जीवन जीने के मूल सिद्धांत, जैसे सही-गलत, अच्छा-बुरा, ईमानदार-बेईमान, गुण-अवगुण, विचार और मानसिकता। ये तत्व हर मनुष्य में मौजूद

हैं। आप जो भी हों, और जो भी कार्य करते हों, बस सही सिद्धांत को समझकर उसे थामे रखना है। वैसे भी, 84 लाख योनियों में से केवल मनुष्य योनि को ही मोक्ष प्राप्ति का अवसर मिला है। इसलिए सही सिद्धांतों पर चलते हुए, अपने कर्मों के द्वारा, हर कोई मोक्ष प्राप्त कर सकता है और ईश्वर के द्वार पर भी अपनी उपस्थिति दर्ज करा सकता है।

18

परिवर्तन

हम सबने बचपन से सुना और पढ़ा है कि "परिवर्तन ही प्रकृति का नियम है" – और यह बात सौ प्रतिशत सत्य है। जीवन में कुछ भी, कोई भी, कभी भी स्थायी नहीं है। सुख-दुःख, धन-दौलत, लाभ-हानि – इन सबमें हर किसी के जीवन में परिवर्तन होता रहता है। मनुष्य के व्यवहार, विचार, स्वभाव, आदतों, शरीर और सूरत – हर एक चीज़ में आयु के अनुसार बदलाव आता है, और यह परिवर्तन बहुत अच्छा और आवश्यक भी है। हमें इसे सहर्ष स्वीकार करना चाहिए।

लेकिन मनुष्य जीवन की सबसे बड़ी मानसिक समस्या यही है कि पहले तो वह स्वयं में अच्छा परिवर्तन लाना नहीं चाहता, परन्तु हर दूसरे व्यक्ति में अपनी रुचि अनुसार परिवर्तन लाने की इच्छा रखता है। और यदि दूसरा व्यक्ति स्वयं में अच्छा परिवर्तन कर भी ले, लेकिन वह हमें पसंद न आए, तो हम कह देते हैं – "अब तुम बदल गए हो, पहले जैसे नहीं रहे।" परिवर्तन केवल अपनी रुचि या पसंद के अनुसार नहीं होना चाहिए। परिवर्तन सर्वप्रथम जीवन के मूल सिद्धांतों पर आधारित, तार्किक,उचित और अच्छा होना चाहिए चाहे वह किसी दूसरे व्यक्ति को या स्वयं हमें ही पसंद हो या ना हो|

उदाहरण के लिए सुबह जल्दी उठना शायद स्वयं को भी पसंद न हो (जो कि कई लोगों को नहीं होता), परन्तु आप जल्दी उठेंगे तो वह अच्छा और उचित परिवर्तन होगा। ईश्वर की बनाई हुई प्रकृति और मनुष्य में तो

समयानुसार परिवर्तन आएगा ही; उसे कोई नहीं रोक सकता, आप स्वयं भी नहीं। जैसे गर्मी या सर्दी का मौसम आएगा तो जाएगा भी। और जिस मनुष्य ने जन्म लिया है उसमें आयु के अनुसार परिवर्तन आएगा, आप हमेशा बच्चे नहीं रहेंगे, आप हमेशा जवान नहीं रहेंगे, आप हमेशा बूढ़े नहीं रहेंगे। आप कितना भी प्रयत्न कर लें एक तय आयु के बाद आपका चेहरा बदलेगा, आपके बाल सफेद होंगे ही, आपकी त्वचा ढीली हो ही जाएगी। लेकिन समस्या यह है कि मनुष्य इसे आसानी से स्वीकार नहीं करता; जवान दिखने या बने रहने के लिए हर तरह के प्रयास करेगा जैसा कि लोग आजकल हेयर ट्रांसप्लांट, प्लास्टिक सर्जरी और शरीर के अंगों की सर्जरी करवाते हैं। कुछ लोग तो अपनी शारीरिक संरचना बदलवाकर अपना लिंग परिवर्तन करवा रहे हैं, किन्तु यह कोई तार्किक या उचित परिवर्तन नहीं है। हम अपने शरीर को स्वस्थ रखने के लिए, व्यवस्थित रखने के लिए केवल प्रकृति के नियमों का पालन कर सकते हैं जैसे व्यवस्थित भोजन, संयमित भोजन, व्यायाम एवं योग, पर्याप्त नींद, समय से सोना एवं उठना इत्यादि।

तो ईश्वर की बनाई हुई प्रकृति और मनुष्य की शारीरिक संरचना में तो परिवर्तन स्वयं ही होगा, लेकिन हमें अपने अंदर के परिवर्तन को लाना होगा, उसे स्वीकार करना होगा और यह कोई आसान काम नहीं है। किसी भी मनुष्य को अपने आंतरिक परिवर्तन लाने के लिए दृढ़ इच्छाशक्ति और मानसिक बल चाहिए। 'परिवर्तन' न तो आसान शब्द है न ही आसान काम! परिवर्तन की शुरुआत होती है प्रयास से; किसी भी काम की शुरुआत हमें प्रयास से करनी होती है। प्रयास करते-करते हम अभ्यास करने लगते हैं और वह अभ्यास करते-करते एक दिन हमारी आदत बन जाता है। लेकिन ज़्यादातर मनुष्य अपने जीवन में प्रयास अर्थात कोशिश करना ही शुरू नहीं करते और भाग्य को कोसते रहते हैं कि जीवन में कुछ परिवर्तन नहीं हो रहा, कुछ अच्छा नहीं हो रहा है, कुछ भी मेरे अनुसार नहीं हो रहा। जैसे ज़्यादातर लोग किसी प्रतियोगी परीक्षा में अनुत्तीर्ण होने पर कहते हैं प्रश्न पत्र ही बहुत कठिन था, सिलेबस से बाहर का था, एक ही पोस्ट थी और आवेदक हजारों थे, मेरा चयन कैसे होता? लेकिन उनमें से कुछ नाममात्र लोग ही स्वीकार करते हैं कि हमारा प्रयास और तैयारी कमज़ोर थी, हम स्वयं की तैयारी और मेहनत में परिवर्तन लायेंगे। ठीक इसी प्रकार अपने भाग्य या दूसरों को दोष देने के बजाय स्वयं

में परिवर्तन लायें, वही आपके स्वयं के जीवन में असली परिवर्तन लाएगा। इसलिए जीवन में अच्छा परिवर्तन लाने के लिए स्वयं के बुरे विचारों में, अपनी सोच में परिवर्तन लाएँ। स्वयं को एक ही दृष्टिकोण से मत देखिए कि मैं ही हर बात में सही हूँ। गलतियाँ और कमियां हर मनुष्य में होती हैं और सबको यह भी पता होता है अपने अंतर्मन में कि मैं क्या हूँ और कैसा हूँ। इसलिए पहले अपने मन को टटोलिए, उससे बात कीजिए, उसमें सार्थक परिवर्तन लायें। इसलिए पहले अपनी सोच और बुद्धि को शुद्ध कीजिए; वही आपको सही और ग़लत में अंतर कर निर्णय लेना सिखाएगी। जब भी आप जीवन में कोई ग़लत कार्य करने जा रहे हों, उस वक़्त स्वयं को रोकिए और समझाइए – "नहीं, यह ग़लत है, और इसका अंत तथा परिणाम अच्छा नहीं होगा।"

ऐसा करने से आप भविष्य में होने वाले ग़लत परिणाम को आज ही बदल सकते हैं।

इसे मैं आपको दो उदाहरणों से समझाता हूँ। पहला है – तुरंत कर्मफल (इंस्टेंट कर्मा)।

मान लीजिए, आप अपनी गाड़ी में सड़क पर चल रहे हैं और अचानक सामने एक बड़ा सा गड्ढा दिख गया। आप तुरंत गाड़ी धीमी करके उसके किनारे से निकल जाएँगे, क्योंकि आपको पता है कि अगर मैं इस गड्ढे में गया तो तुरंत दुर्घटना हो जाएगी। यानी, कर्म या क्रिया का परिणाम तुरंत मिल जाएगा।

ऐसे ही, कोई भी कार्य करते समय हमें भीतर से पता होता है कि यह ग़लत है; पर कई लोग फिर भी उसे करते हैं, क्योंकि उसका कर्मफल तुरंत नहीं मिलने वाला होता। वे "बाद में जो होगा, देखा जाएगा" कहकर वह काम कर देते हैं।

यदि उस गड्ढे में गिरने की तरह हर ग़लत कार्य का परिणाम तुरंत मिलने लगे, तो लोग वह ग़लत कार्य कभी करें ही नहीं। लेकिन, दुर्भाग्य से, अधिकांश लोग बाद के परिणाम को जानते हुए भी ग़लत कार्य करना नहीं छोड़ते और स्वयं को बदलने का प्रयास नहीं करते।

दूसरा है – बाद में कर्मफल।

मान लीजिए, दो युवा अपना जीवन सामान्य रूप से जी रहे हैं। दोनों के सामने दो विकल्प हैं – अपने स्वास्थ्य को सुधारना या बिगाड़ना। इनमें से एक युवा जिम जाकर व्यायाम करता है और अपने स्वास्थ्य व शरीर में सकारात्मक परिवर्तन लाता है; जबकि दूसरा नशा और ग़लत व्यसनों में पड़कर अपने जीवन में नकारात्मक परिवर्तन करता है।

दोनों को परिणाम पहले से पता है – फ़र्क बस इतना है कि इसका कर्मफल बाद में मिलेगा। फिर भी, एक युवा स्वयं में सही परिवर्तन लाता है और दूसरा ग़लत। जीवन में भी ज़्यादातर लोग परिणाम जानते हुए भी उसी राह पर चलते हैं, जिस पर दूसरा युवा चला। इसीलिए नशाखोरी और ग़लत वस्तुएँ आपको हर गली और चौराहे पर आसानी से मिल जाती हैं, लेकिन स्वास्थ्यवर्धक वस्तुएँ हर जगह उपलब्ध नहीं होतीं, और न ही उन्हें कोई विशेष प्रोत्साहन मिलता है।

इसलिए, जीवन में सबसे पहले सोच में परिवर्तन लाएँ, फिर अपने कर्म, कार्य और क्रिया में – चाहे उसका कर्मफल तुरंत मिले या बाद में। यह परिवर्तन कठिन अवश्य है, पर असंभव नहीं। जब आप सही और ग़लत के चयन का परिवर्तन स्वयं में लाएँगे, तब आपकी आदतें भी स्वतः परिवर्तित होने लगेंगी। जैसे, यदि आप रोज़ जिम जाएँगे या व्यायाम करेंगे, तो आपके भीतर अच्छी आदत का जन्म होगा। यदि आप नशा या व्यसन करेंगे तो आपके अंदर बुरी आदत जन्म लेगी।

पता तो आपको दोनों रास्तों का है, लेकिन तय आपको ही करना है कि अपने परिवर्तन में कौन-सी आदत अपनानी है। इसलिए, हमेशा स्वयं में सार्थक परिवर्तन लाते रहिए। रिश्ते, समाज, दुनिया, पैसा, व्यवहार और दूसरे लोग – ये सब हमेशा परिवर्तित होते रहेंगे। आप इन्हें अपने अनुसार नहीं बदल सकते। इसलिए हर मनुष्य यह प्रण ले कि मैं स्वयं में परिवर्तन लाऊँगा और दूसरों के परिवर्तन को स्वीकार करूँगा। इससे जीवन में शिकायतें कम होंगी और आपका दृष्टिकोण भी बदलेगा।

एक दृष्टिहीन व्यक्ति भी अपना दृष्टिकोण बदल सकता है; इसके लिए न दृष्टि की आवश्यकता है और न ही दिव्यदृष्टि की। इसलिए प्रकृति के इस महान नियम 'परिवर्तन' का सम्मान कीजिए, और इसे अपनाने व स्वीकारने को केवल स्वयं तक ही सीमित रखिए।

19

पश्चाताप एवं प्रायश्चित

पृथ्वी पर रहने वाला हर मनुष्य जीवन में कभी न कभी, कहीं न कहीं, किसी न किसी बात या गलती पर अवश्य पछताया होगा – काश मैं यह गलती न करता, काश मैंने यह निर्णय न लिया होता, शायद मैं यह काम कर लेता, शायद मैं यह काम न करता तो अच्छा होता।

पश्चाताप किसी भी प्रकार का हो सकता है – यहाँ तक कि ग़लत कार्य न करने का भी। कोई सोचता है, मुझे अमुक व्यक्ति के साथ यह ग़लत करना चाहिए था, पर मैंने क्यों नहीं किया; या उसने मेरे साथ ग़लत किया, तो मुझे भी करना चाहिए था। जैसे, कई लोग शादी करके पछताते हैं।

पश्चाताप मनुष्य को कभी-कभी मानसिक संतोष देता है, लेकिन हर बात का पछतावा करना उचित नहीं। जीवन में कई घटनाएँ और कार्य ऐसे होते हैं, जो न होने या न करने से हमारे जीवन पर अच्छा प्रभाव पड़ता है। अक्सर ऐसा होता है कि आप कोई कार्य या निर्णय लेने ही वाले थे, और बाद में यह अहसास हुआ – अच्छा हुआ जो यह कार्य नहीं किया। मनुष्य की प्रकृति ही ऐसी है कि वह हमेशा बेहतर विकल्प की तलाश में रहता है, और इसी कारण वह किसी न किसी बात के लिए पछताता रहता है। पृथ्वी पर रहने वाले 99.99% लोगों की यही मानसिकता होती है।

एक महिला सोचती है – मेरा पति अच्छा नहीं है, काश इससे बेहतर विकल्प मिल जाता। मेरी नौकरानी भी अच्छी नहीं है, काश इससे अच्छा

विकल्प मिल जाता। इसी प्रकार, कोई पुरुष सोचता है – काश पत्नी के लिए कोई अच्छा विकल्प मिल जाता। दोनों के मन में यह पछतावा रहता है – तुमसे बेहतर विकल्प तो मिला था, लेकिन मैंने ही गलती की कि उसे चुना नहीं, और आज पछता रहा/रही हूँ।

कई लोग अपनी वर्तमान नौकरी को लेकर पछताते हैं – दस वर्ष पहले, बीस वर्ष पहले इससे बेहतर विकल्प था मेरे पास। कोई कहता है – मुझे यह ज़मीन या प्रॉपर्टी कौड़ियों के दाम में मिल रही थी; ले ली होती तो आज करोड़पति होता। नहीं लेकर पछता रहा हूँ। कोई कहता है – इस कंपनी का शेयर मात्र एक रुपये में मिल रहा था, आज दस हज़ार का है; काश मैं ले लेता तो आज कहाँ होता।

एक मनुष्य हमेशा बेहतर विकल्प की तलाश में जलता रहता है। उदाहरण के लिए, कई भारतीय अमेरिका, UK या कनाडा जाने के लिए तरसते रहते हैं, लेकिन पाकिस्तान या बांग्लादेश कोई नहीं जाना चाहता, क्योंकि वहाँ जीवन का स्तर निम्न है।

बेहतर विकल्प के लिए कई लोग लाखों-करोड़ों रुपये ख़र्च करके एजेंटों के माध्यम से अवैध रूप से अमेरिका जा रहे हैं, लेकिन वे यह नहीं सोचते कि उन्हीं पैसों से अपने देश में ही कहीं बेहतर ज़िंदगी जी जा सकती है। यह एक मानसिक विकृति है, जो बेहतर विकल्प की तलाश में ग़लत रास्ते का रुख कराती है।

यह पछतावा मनुष्य को किसी भी हद तक ले जा सकता है। आजकल हम लगभग हर रोज़ अखबारों में पढ़ते हैं कि पति ने गर्लफ्रेंड के साथ मिलकर पत्नी की हत्या कर दी, या पत्नी ने बॉयफ्रेंड के साथ मिलकर पति की हत्या कर दी–जबकि वे यह नहीं सोचते कि बाद में उन्हें कितना पछताना पड़ेगा।

पछताना या पश्चाताप करना बुरी बात नहीं है; कुछ बातों पर तो करना भी चाहिए। जैसे–पहले मुझे यह काम नहीं आता था, जिसकी वजह से मुझे बहुत परेशानी झेलनी पड़ी, लेकिन अब मैं यह काम सीखूंगा/सीखूंगी ताकि भविष्य में मुझे पछताना न पड़े। या फिर ऐसे कुछ निर्णय, जिन्हें बदला जा सकता है, उनका पश्चाताप करना उचित है।

लेकिन जीवन के कुछ बड़े निर्णय, जो ग़लत साबित हुए हों और बदले नहीं जा सकते, उनके बारे में बार-बार पछताते रहना ठीक नहीं है। कुछ करीबी रिश्ते आपको अच्छे न भी लगें, तो हमेशा उनका विकल्प ढूँढ़ने की कोशिश मत कीजिए, क्योंकि बेहतर विकल्प मिल भी जाए तो अक्सर लगता है कि पहले वाला रिश्ता ही बेहतर था। जिन रिश्तों को बदला नहीं जा सकता, उन्हें सुधारने का प्रयास करना चाहिए – न कि उन्हें लेकर हमेशा रोते या पछताते रहना चाहिए।

जैसे कहते हैं – पाँचों उंगलियाँ बराबर नहीं होतीं, लेकिन हर उंगली काम की होती है, सबका अपना महत्व होता है। अगर हाथ की एक उंगली भी कटकर अलग हो जाए, तो छोटे से छोटे काम में भी आपको परेशानी होगी; लेकिन कोई भी इंसान उस स्थिति में पूरा हाथ नहीं काट देता, बल्कि उसका उपचार करता है। ठीक उसी प्रकार, जीवन में हमें प्रायश्चित भीकरना चाहिए।

मनुष्य के लिए पछतावा तो सामान्य-सी बात है, लेकिन प्रायश्चित करना बहुत ही कठिन है। इसलिए हर कोई अपने जीवन में प्रायश्चित नहीं करता, या बहुत ही कम बार करता है। कुछ लोगों के प्रायश्चित भी अपनी सुविधा के अनुसार होते हैं – जैसे कोई केवल क्षमा माँगकर प्रायश्चित कर लेता है, कोई क्षमा माँगने के बाद फिर वही गलतियाँ करने लगता है; किन्तु विरला ही कोई होगा जो क्षमा माँगने के बाद भी निरंतर स्वयं में बदलाव लाता है और वही गलतियाँ दोबारा नहीं करता। अपनी पुरानी गलतियाँ यदि सुधारने योग्य हैं, तो उन्हें ठीक करता है।

मानव जीवन का असल प्रायश्चित यही है कि पूर्व और वर्तमान की कमियों को ठीक किया जाए। स्वयं गंगापुत्र भीष्म भी अपने पापों से नहीं बच पाए, और लोग चाहते हैं कि गंगा- स्नान से उनके पाप धुल जाएँ और प्रायश्चित हो जाए। जीवन में कई बार प्रायश्चित के लिए कष्ट भी सहना पड़ता है, क्योंकि वह हमारे कर्मों से जुड़ा होता है। इसलिए जीवन में अच्छे कर्म जोड़िए ताकि पछतावे या प्रायश्चित की आवश्यकता ही न पड़े; अन्यथा बुरे कर्मों की मार और उसका भार झेलना ही पड़ेगा।

प्रायश्चित इसमें हमारी सहायता करता है, जिससे हम अपने बुरे कर्म घटा सकते हैं। प्रायश्चित करने से ईश्वर भी हमारा साथ देते हैं और हमें क्षमा

करते हैं। इसका साक्षात् उदाहरण प्रभु श्रीराम हैं – उन्होंने युद्ध के अंतिम क्षणों में भी रावण से यही कहा था कि यदि वह क्षमा याचना करके सीता को छोड़ दे, तो वे उसे जीवित छोड़ देंगे; किन्तु रावण ने अपने पाप के प्रायश्चित का अंतिम अवसर भी छोड़ दिया।

इसलिए, जीवन में चाहे कितनी भी छोटी या बड़ी गलतियाँ की हों (जैसा कि हम सबने कभी-न-कभी की होंगी, इससे कोई अछूता नहीं है), जितना जल्दी हो सके उनका प्रायश्चित कर लीजिए और अपनी आत्मसंतुष्टि, प्रसन्नता एवं सुख की अवधि बढ़ाइए।

20

मौन

मौन अर्थात चुप रहना एक बहुत बड़ी साधना है, मनुष्य के लिए सबसे कठिन काम है अपनी जिह्वा को नियंत्रण में रखना। मनुष्य अपनी आयु के दो से तीन वर्ष में बोलना शुरू करता है तब सबसे अधिक ख़ुशी उसके परिवार वालों को होती है, लेकिन जीवन में बढ़ती आयु के साथ हर मनुष्य को बोलना कम करते जाना चाहिए अर्थात जहाँ जितनी आवश्यकता हो उतना ही बोलना चाहिए, इससे आपकी बातों में स्पष्टता आएगी। हर मनुष्य औसतन जब प्रतिदिन आठ घंटे की नींद लेता है तब तो वह चुप रहता है, किन्तु दिन के बाकी बचे सोलह घंटों में से आधा घंटा तो लगभग हर मनुष्य को मिलता है या नहीं भी मिलता तो वह निकाल सकता है। इस आधे घंटे में जागृत अवस्था में हर मनुष्य को एकांत में मौन अवस्था में बैठना चाहिए, बिना कुछ बोले, बिना किसी से बात किए आप स्वयं को जान पाएंगे। यह अभ्यास करने से आपको आंतरिक शांति मिलेगी तथा इस नियम के निरंतर अभ्यास से आप अंतर्मन से स्वयं को मजबूत बना पाएंगे।

एक बात यह भी है कि मनुष्य जागृत एवं मौन अवस्था में भी कुछ-न-कुछ सोचता ही रहता है, या कोई-न-कोई बात उसके मन में चलती रहती है। ऐसी अवस्था में कोई भी व्यक्ति दस सेकंड भी पूरी तरह खाली नहीं बैठ सकता। इसलिए आप मौन रहते हुए भी यदि कुछ भी, कहीं भी, किसी के भी बारे में या उसकी बातों के बारे में सोच रहे हैं, तो उससे अच्छा है कि

उस आधे घंटे की मौन अवस्था में केवल स्वयं के बारे में सोचें और प्रतिदिन स्वयं से संवाद करें। मन ही मन वर्तमान दिन में अपने द्वारा किए गए अच्छे कार्यों के लिए स्वयं को प्रोत्साहित करें और धन्यवाद दें। साथ ही, अपने भीतर की बुराइयों, आज किए गए ग़लत कार्यों एवं गलतियों का आत्मचिंतन और आत्मविश्लेषण करें। आपको निश्चित ही अच्छी बातों से अधिक अपनी बुराइयाँ दिखाई देंगी। फिर उन बुराइयों एवं गलतियों को सुधारने के लिए स्वयं को समझाएँ – "नहीं, मैंने आज यह ग़लत किया, मुझे ऐसा नहीं करना चाहिए था। मैं आगे से प्रयास करूँगा कि ऐसा न करूँ।" और यह ध्यान रखें कि उस गलती या ग़लत आदत के लिए किसी दूसरे को दोषी न ठहराएँ। ना ही ऐसा सोचें क्योंकि उसका सही-ग़लत वो देखेगा। आप शांत अवस्था में केवल अपना सही-ग़लत देखने और सुधारने बैठे हैं, स्वयं को खोजने बैठे हैं। यह कार्य एक या दो दिन में नहीं किन्तु लंबे अभ्यास से बिल्कुल संभव किया जा सकता है। रात को सोने से पहले आप शवासन की अवस्था में भी यह कार्य कर सकते हैं। तब लगभग घर या बाहर भी सब जगह शांत वातावरण होता है। जैसे पहले लोग ध्यान या तपस्या करने जंगलों और पेड़ों के बीच जाते थे क्योंकि वहां बहुत शांत वातावरण होता था। आजकल तो जंगल बचे ही नहीं, किन्तु आपको सोने से पहले के समय व्यवधान बहुत कम मिलेगा या नहीं मिलेगा।

आपके मौन रहने से दूसरों को तो शांति मिलेगी ही, इससे आप स्वयं के अच्छे-बुरे के बारे में सोच सकते हैं। इसलिए मौन रहना बहुत बड़ी और कठिन कला है।

इसके विपरीत क्रोध आपका ही शत्रु है। अधिक क्रोध करके आप अपनी सही बात को भी प्रमाणित नहीं कर सकते। क्रोध के समय कोई भी मनुष्य अपना अच्छा-बुरा, सही-ग़लत सोच ही नहीं सकता। क्रोध मनुष्य को खुद से दूर करता है। इसलिए शांत मन से सोच-समझकर आज ही मौन का मार्ग अपनाएं। क्रोध करके दुनिया से मत लड़िए, मौन रहकर स्वयं से लड़िए। इससे आप भी बचे रहेंगे और आपके रिश्ते भी।

आप ध्यान से सोचिए जैसे कोई भी दुकानदार या बड़ा व्यवसायी जब अपना सामान बेचता है तब वह कितना विनम्र रहता है। आप जितना चाहें

उसे ग़लत या बेतर्क की बातें करें, वह क्रोध कभी नहीं करता क्योंकि उसे अपना व्यवसाय करना है जिससे उसे फ़ायदा होगा। ठीक उसी प्रकार हमें भी जीवन में अपने फायदे के लिए विनम्र तथा आवश्यकतानुसार मौन रहना चाहिए।

जिस प्रकार हम किसी मृत्यु की शोक सभा में मृतक की आत्मा की शांति के लिए दो मिनट का मौन रखते हैं, उसी प्रकार हमें जीवित रहते हुए स्वयं की आत्मा एवं दूसरों की आत्मिक शांति के लिए कई बार मौन रखना चाहिए। आपके जीवन में कितनी भी बड़ी समस्या हो या कोई व्यक्ति आपके लिए समस्या हो (आप या मैं भी किसी के लिए समस्या हो सकते हैं), तब भी आप केवल शून्य होकर मौन अवस्था में उस समस्या के हल के बारे में सोचेंगे तो हल अवश्य मिलेगा। इसके विपरीत क्रोध या लड़ाई करके हम केवल अपना ही नुकसान करते हैं। जैसा कि वर्तमान जीवनचर्या में कई लोग स्वयं ग़लत होते हुए भी दूसरे को ही दोषी ठहराकर उनसे लड़ते-झगड़ते हैं, अंततः वे अपना ही अहित करते हैं जिसका आभास उन्हें समय जरूर कराता है। याद रखें जो मनुष्य आपका, मेरा या हमारा ग़लत सहकर भी मौन रह गया उसका उत्तर ईश्वर अवश्य देता है और समय स्वयं ही ऐसे नाना प्रकार से प्रतिशोध लेता है कि सारा अहंकार चूर-चूर हो जाता है। इसलिए जीवन में कभी भी किसी पर अनावश्यक क्रोध करने से पहले हज़ार बार सोचिएगा कि क्या यह सही भी है? इससे तो मौन रहना उचित है। और यदि आपके साथ गलत हो रहा हो तो एक निश्चित सीमा तक ही अपने अधिकार के लिए लड़िए और क्रोध करिए, उसके पश्चात् मौन का रास्ता अपना लीजिए। समय सबके साथ उचित न्याय करेगा। इसलिए मौन को अपने जीवन में स्थान दीजिए। रिक्त स्थानों की पूर्ति ईश्वर कर देगा।

21

हँसना ज़रूरी है

आप सोच रहे होंगे कि मैं इस पुस्तक में आपको केवल ब्रह्मांड, पृथ्वी, जीवन, ईश्वर, मनुष्य, जीव-जंतु, सिद्धांत, माता-पिता, सुख-दुःख, पैसा, शिक्षा, आहार, समय, सोशल मीडिया, उपस्थिति आदि-आदि के बारे में ही बताए जा रहा हूँ। जीवन में ये सब बहुत ज़रूरी हैं, लेकिन इनके साथ-साथ जीवन में हँसना और हँसते रहना भी ज़रूरी है। तो आइए, बात करते हैं हँसने के विषय पर! यह कोई हास्य कविता, चुटकुला, हास्य कहानी या हास्य लेख नहीं है जिसे पढ़कर आपको हँसी आए। यह विषय ही ऐसा है जिसका नाम सुनते ही आपके चेहरे पर मुस्कान या हँसी अवश्य आ जाएगी।

हम बात करेंगे 'पति-पत्नी' के बारे में; मानव जीवन में इतने सारे खून के रिश्ते होते हैं, लेकिन पति-पत्नी का खून का कोई रिश्ता नहीं होता, लेकिन ये दोनों सारा जीवन साथ में ऐसे व्यतीत करते हैं जैसे अनंत जन्मों से एक दुसरे के खून के प्यासे हों। जीवन में हर किसी को अपने माता-पिता प्यारे होते हैं, लेकिन वो हमारे लिए तो माता-पिता हैं, परन्तु आपस में तो वो पति-पत्नी हैं। वैसे ही, आज हम किसी के संतान हैं, किसी की पत्नी हैं, किसी के पति हैं। यह रिश्ता मनुष्य जीवन का मुख्य बिंदु है और यह दुनिया और समाज की एक व्यवस्था है जिससे मनुष्य जाति का जीवन चक्र पीढ़ी दर पीढ़ी चलता रहता है। कोई इंसान माता-पिता तभी बनता है जब एक पुरुष और एक स्त्री आपस

में विवाह करके पति-पत्नी बनते हैं, फिर उनकी संतानों की उत्पत्ति से अन्य रिश्ते बनते हैं जैसे भाई-बहन, पिता के परिवार की तरफ के रिश्ते, माता के परिवार की तरफ के रिश्ते। फिर भी जिन दोनों के मिलन से अन्य रिश्ते बनते हैं, उन दोनों के अलावा किसी रिश्ते से अलग होने का कोई कानूनी प्रावधान या व्यवस्था नहीं है। अलग होने का कानून 'तलाक या डिवोर्स' केवल पति-पत्नी के लिए ही है, लेकिन हिन्दू मान्यताओं में इनके अलग होने का कोई शब्द या व्यवस्था नहीं थी। विवाह तो सात फेरे लेकर सात वचनों को निभाने का बंधन है। हमारे समाज में पति-पत्नी फिर भी कई त्याग करके इस रिश्ते को बहुत हद तक निभाते थे, लेकिन वर्तमान में इस रिश्ते की काफ़ी दुर्गति हो चुकी है। आए दिन हर कोई "तलाक या डिवोर्स" लेना चाहता है, लेकिन यह शब्द तो अन्य समाजों के मनुष्यों का है क्योंकि वे इस व्यवस्था को मानते और अपनाते आए हैं। हमारे हिन्दू समाज में इसकी व्यवस्था नहीं थी, किन्तु आज इस व्यवस्था को हमारे ही समाज में ज़्यादा अपनाया जा रहा है। खैर यह तो हर पति-पत्नी की परिस्थितियों, मानसिकता, प्राथमिकताओं, सहनशीलता और रिश्ता निभाने के इरादों पर निर्भर करता है।

यह एक ऐसा रिश्ता है जो संतान को जन्म देने के अलावा कई समस्याओं को भी जन्म देता है। पति-पत्नी जीवन भर एक दूसरे से लड़ते-झगड़ते रहते हैं। "मेरा मुँह मत खुलवाओ" इनका पसंदीदा डायलॉग है, इनका मुख्य काम तो आपस में लड़ना ही है क्योंकि इन दोनों को हमेशा साथ रहना होता है। कई बार तो इनके विवाह के समय लड़के और लड़की पक्ष वालों में भी कहासुनी और झगड़े हो जाते हैं और वो शादी उनके लिए यादगार बन जाती है। कई बार तो फेरे होने से पहले ही शादी टूट जाती है। आपने ऐसा कई शादियों में देखा या सुना होगा।

यह दुनिया का सबसे करीबी रिश्ता माना जाता है। अन्य रिश्तों में तो फिर भी एक पर्याप्त दूरी और गहराई में अंतर होता है, लेकिन ये दोनों निःस्वार्थ होकर बेहद तक एक दूसरे को ज़लील करते हैं। इन दोनों के पास एक दूसरे के पूरे खानदान का मौखिक चरित्र प्रमाण पत्र होता है जो आए दिन जारी होता रहता है। एक सावित्री जो अपने पति के लिए भगवान से भी लड़ गई और एक पति अपनी पत्नी के लिए ज़माने भर से लड़ता रहता है, लेकिन

इनका आपस में लड़ना स्थाई है। दोनों में कितनी भी अच्छाइयां हों, लेकिन इन्हें सिर्फ़ एक दूसरे की बुराइयां ही दिखती हैं। विवाह के बाद कुछ समय तक तो दोनों में प्रेम रहता है, लेकिन फिर रह जाती हैं एक-दूसरे की जिम्मेदारियां और बच्चों की परवरिश। इनके आपसी क्रोध की मार इनके बच्चे भी झेलते हैं। इनकी टाइमिंग का कोई भरोसा नहीं होता है। इन्हें कहीं साथ में घूमने जाना हो या किसी समारोह में; जाने से एक मिनट पहले तक भी इनमें तकरार हो ही जाती है, फिर चाहे वह जल्दी तैयार होने को लेकर हो या एक दूसरे की सहायता करने को लेकर या बच्चे संभालने को लेकर। जीवन भर इनमें यही बहस होती है कि ये काम मैं क्यों करूँ? या हर काम मैं ही क्यों करूँ? जबकि दोनों ही अपनी-अपनी क्षमतानुसार अपनी-अपनी जिम्मेदारियां निभाते हैं। बस कोई थोड़ी कम कोशिश करता है, कोई ज़्यादा करता है, लेकिन वर्तमान दौर में नहीं करने वाले की शिकायतें ज़्यादा रहती हैं। एक स्त्री जब अपनी सहेलियों से मिलती है तो उस वक़्त पति की निन्दाएं अधिक करती है, जबकि पुरुष कहीं अपने मित्रों से मिलता है तब वहां पत्नी का ज़िक्र ही नहीं होता। उनकी दुनिया और बातों के विषय ही अलग होते हैं।

एक स्त्री और पुरुष के विवाह के बाद, एक-दूसरे के प्रति इतनी ज़िम्मेदारियाँ और उम्मीदें होती हैं, जो दुनिया के किसी और रिश्ते में नहीं होतीं; इसलिए तकरार भी इसी रिश्ते में सबसे ज़्यादा होती है। विवाह के बाद, एक स्त्री-पुरुष के माता-पिता, भाई-बहन या अन्य करीबी रिश्तों से स्वाभाविक रूप से एक पर्याप्त दूरी हो ही जाती है। वैसे भी बड़े होने के बाद, हर मनुष्य को हर रिश्ते से कुछ दूरी चाहिए होती है, या फिर मानसिक तौर पर आ ही जाती है। बड़े होने पर बेटी या बेटा माता-पिता से चिपककर नहीं रह सकते; भाई-बहन हमेशा साथ नहीं खेलते और लड़ते हैं। इसीलिए, साथ में चिपकने और लड़ने के लिए पति-पत्नी का रिश्ता आता है।

जीवन में इसका रोमांच भी आवश्यक है; वर्ना आप जीवन से ऊब जाएंगे। पुरुष काम से घर आएगा तो उसे कुछ तो चाहिए; स्त्री घर के कार्यों से फुर्सत पाएगी तो उसे भी कुछ तो चाहिए। दोनों को एक-दूसरे का साथ चाहिए–सुख और दुःख में साथ देने वाला, सुख और दुःख देने वाला, प्रेम और नफ़रत करने वाला, और एक-दूसरे को आइना दिखाने वाला।

यह रिश्ता हमेशा ऑटोपायलट मोड में रहता है। आपस में कितना ही झगड़ा चल रहा हो या बातचीत बंद हो–घर में अतिथि के आते ही अपने-आप सब सामान्य हो जाता है, और उनके जाते ही अपने-आप सब असामान्य। इनके बीच मतभेद और मनभेद की सबसे बड़ी वजह यही है कि इनका स्त्री और पुरुष होना, अलग-अलग लिंग (जेंडर) होना और अलग-अलग शारीरिक संरचना होना है। एक पुरुष, स्त्री शरीर की सारी समस्याएँ और तकलीफ़ें पूरी तरह नहीं समझ सकता।

एक स्त्री, पुरुष की मनोदशा और चुनौतियाँ पूरी तरह नहीं समझ सकती, और न ही एक पुरुष, स्त्री की; इसलिए दोनों अपनी-अपनी समस्याओं और चुनौतियों को सबसे कठिन मानते हैं। एक पुरुष ने कभी एक बच्चे को नौ माह गर्भ में पालने का दर्द और अनुभव नहीं किया, और एक स्त्री ने कभी एक पिता की सारी ज़िम्मेदारियों और बाहरी दुनिया की चुनौतियों का सामना नहीं किया। इसलिए, पति-पत्नी की गाड़ी तभी अच्छे से चलेगी जब दोनों एक-दुसरे से तुलना न करें, न ही एक-दूसरे को जज करें, बल्कि एक-दूसरे के योगदान को समझते हुए सहयोग करें।

इस रिश्ते में बहुत ही कम लोग एक-दूसरे को समझते और सहयोग करते हैं। इस रिश्ते की नींव केवल ज़िम्मेदारी पर टिकी होती है। यदि आप ज़िम्मेदार होंगे, तो ही आपका पार्टनर आपको समझेगा और आपकी क़द्र करेगा। इसलिए, आप पत्नी हों या पति – अपनी-अपनी ज़िम्मेदारी समझिए और उसे निभाइए। सम्मान पाने की उम्मीद मत रखिए, और अपमान को नीलकंठ बनकर विष की तरह पी जाइए। ऐसा करने से ही मानसिक तौर पर आप एक अच्छे पति और पत्नी बन पाएँगे।

वर्तमान समय में स्त्रियों में समानता, बराबरी और 'इक्वलिटी' की एक जंग और बहस छिड़ी हुई है – हम अपना कमाएँगी, हम घर की ज़िम्मेदारी क्यों संभालें, हमें पुरुष की बराबरी चाहिए, हम उनसे कम नहीं हैं। बराबरी क्या होती है, यह पहले मानसिक तौर पर समझना होगा। जब बनाने वाले ईश्वर ने ही दोनों को अलग-अलग बनाया है – दोनों का लिंग और शारीरिक संरचना अलग है – तो बराबरी कहाँ से आ गई? यह केवल मानसिकता का खेल है। स्त्री के मन में यह आता है – मैं घर का काम क्यों करूँ? मैं नौकरानी

नहीं हूँ – लेकिन एक पुरुष तो यह नहीं सोचता या कहता कि मैं ही क्यों कमाऊँ?

मैं सिर्फ़ इतना कह रहा हूँ कि तुलना नहीं होनी चाहिए; यह रिश्ता तुलना योग्य नहीं है। ईश्वर ने स्त्री को नरमदिल और ममतामयी बनाया है। वह बाहरी दुनिया की हर जगह और हर समय नहीं जा सकती, न ही हर तरह के कार्यस्थल पर सहज रह सकती है। आपके घर के बाहर की दुनिया इतनी अच्छी नहीं है कि आप हमेशा सुरक्षित रह पाएँ। इंसान सिर्फ़ खुद से कमाकर ही इंडिपेंडेंट नहीं होता।

वहीं, एक पुरुष सख़्त किस्म का होता है, क्योंकि घर हो या बाहर – कई तरह के जोखिम भरे कार्य वही कर सकता है। यह विधान ईश्वर ने ही बनाया है, इसलिए युद्ध में भी लड़ने राजा-महाराजा और सैनिक ही जाते थे। स्वयं भगवान ने भी हर युग में पुरुष रूप में अवतार लिया है। महिला का कहीं काम करना अच्छी बात है, यदि परिस्थितियाँ अनुकूल हों; क्योंकि एक नवजात बच्चे की परवरिश वही कर सकती है। एक पुरुष किसी बच्चे को स्तनपान नहीं करा सकता।

आजकल कई महिलाएँ बच्चे संभालने के लिए पैसे देकर दाई रख लेती हैं, किन्तु छोटे बच्चे का पालन-पोषण माँ द्वारा ही होना चाहिए; वर्ना आप पैसे तो खूब कमा लेंगी, पर आपका बच्चा आपके प्यार और परवरिश से वंचित रह जाएगा। यदि आपकी प्राथमिकता पैसे कमाना और 'इंडिपेंडेंट वुमन' बनना है, तो पहले ही सोच-समझकर अविवाहित रहिए; क्योंकि वैवाहिक जीवन में एक परिवार होता है, और वह पहली प्राथमिकता होना चाहिए।

वर्तमान के सामाजिक परिदृश्य में अधिकतर महिलाओं की सोच यही हो गई है कि "मैं कमाऊँगी तो अपने लिए कमाऊँगी, मैं अपने लिए कमाती हूँ।" जहाँ पति-पत्नी दोनों कमाते हैं, वहाँ 90% परिवारों में पत्नी की कमाई पत्नी की होती है, और पुरुष कमाता है तो परिवार के लिए कमाता है। वहाँ महिलाओं को बराबरी नहीं चाहिए।

एक महिला कितना भी पढ़-लिख ले, लेकिन उसके पास जीवनभर न कमाने का विकल्प होता है; किन्तु एक पुरुष कितना भी अशिक्षित हो, उसे कोई विकल्प नहीं – उसे हर हाल में बाहर जाकर मेहनत करके कमाना

ही है। एक अविवाहित पुरुष को भी अपने परिवार के लिए कमाना ही पड़ता है।

आपने समाज में ऐसे कई उदाहरण देखे होंगे, जहाँ एक बहुत ही सफल पुरुष किसी कुछ भी न करने वाली महिला से विवाह करता है, क्योंकि उसे वैवाहिक जीवन जीना और परिवार चलाना है; उसके अलावा पैसे या पद की उसकी कोई मंशा नहीं होती। वहीं, आपने भूले-भटके ही कोई ऐसा उदाहरण देखा होगा कि एक सफल महिला ने किसी असफल पुरुष या कुछ न करने वाले से विवाह किया हो; बल्कि वह तो प्रायः अपने से ज़्यादा कमाने वाले से ही विवाह करती है।

तब यह बराबरी कहाँ चली जाती है? एक 'इक्वल' महिला एक पुरुष को भी तो आर्थिक सुरक्षा दे सकती है, लेकिन आजकल तो विवाह के पश्चात् भी सफल महिलाएँ अपने पति को छोड़कर चली जाती हैं कि "अब तो मैं कमाती हूँ, इंडिपेंडेंट हूँ, मुझे तुम्हारी क्या ज़रूरत!" आप सोचिए, अगर हर पुरुष यही सोचने लगे कि "मैं तो इंडिपेंडेंट हूँ, अपना कमाता हूँ, मुझे तुम्हारी क्या ज़रूरत!" – तो क्या यह संसार चल पाएगा?

मेरे इस विचार से कई लोग असहमत होंगे। बहुत-सी महिलाएँ तो इसे पुरुष-प्रधान समाज की सोच एवं पुरुषवादी मानसिकता कहेंगी, लेकिन यह एक कड़वा सत्य है। बेशक आप मेरी बात का विरोध कर सकते हैं, लेकिन इस तथ्य को तर्कहीन साबित नहीं कर सकते, क्योंकि मैं यहाँ बात बराबरी की नहीं, सोच की कर रहा हूँ। न ही मैं किसी को कमतर या ज़्यादातर साबित कर रहा हूँ।

समाज में कई महिलाएँ ऐसी हैं जो कमाती भी हैं और परिवार भी संभालती हैं, और कई पुरुष भी ऐसे हैं जो कमाने के साथ-साथ परिवार की ज़िम्मेदारियाँ निभाते हैं। यदि किसी की सोच में यह विचार पुरुष-प्रधान है भी, तो हमारे देश में कानून तो अधिकतर महिला-प्रधान हैं, जिनका आजकल ग़लत इस्तेमाल भी ज़्यादा हो रहा है। तो वहाँ समानता और 'इक्वैलिटी' की बात क्यों नहीं आती? इसके लिए भी महिलाओं को आगे आकर आवाज़ उठानी चाहिए।

99.99% परिवारों में पुरुष ही परिवार के बुज़ुर्गों और सभी सदस्यों की बीमारी या दुःख में सुरक्षा व्यवस्था और स्वास्थ्य व्यवस्था करता है। जीवन के

किसी भी सुख या दुःख के छोटे या बड़े प्रसंग में, यह सारी ज़िम्मेदारियाँ एक पुरुष के ऊपर ही होती हैं – जिसमें बहुत सारा पैसा, शारीरिक थकान और मानसिक तनाव सब शामिल होता है–लेकिन यह सब वह ख़ुद के अलावा किसी अन्य सदस्य को पता तक नहीं चलने देता।

मेरे कहने का अर्थ यही है कि जीवन में हर एक कार्य को बराबरी में न तौलकर, हर महिला और हर पुरुष को अपनी-अपनी ज़िम्मेदारी का पालन करना चाहिए, क्योंकि पति-पत्नी के रिश्ते में बराबरी माँगना या तुलना करना, इस रिश्ते में सिर्फ़ और सिर्फ़ दरार पैदा करना है।

महिलाओं की यह आदत बड़ी ख़राब होती है कि वे दूसरों के निजी जीवन में ज़्यादा झाँकती हैं और उनकी तुलना अपने रिश्ते से करती हैं, जो उनके स्वयं के लिए ही हानिकारक होता है; या फिर अपने रिश्ते के बारे में बड़ा-चढ़ाकर अन्य महिलाओं को बताती हैं। इससे उनका रिश्ता भी ख़राब होता है।

वैवाहिक जीवन में इस प्रकार की बातों और तुलनाओं से कोसों दूर रहना चाहिए, वह भी मानसिक तौर पर; इससे आपका वैवाहिक जीवन ज़्यादा सुखमय रहेगा, क्योंकि जीवन में सबकी परिस्थितियाँ, कमाई, ख़र्चे, प्राथमिकताएँ, मानसिकताएँ–सब अलग-अलग हैं। हर पति अपनी पत्नी को महँगे गिफ़्ट्स या लग्ज़री लाइफ़ नहीं दे सकता, और हर पत्नी अपने पति को उसका मनपसंद खाना बनाकर नहीं खिला सकती या उसकी हर बात मान नहीं सकती है।

ज़रूरत है तो केवल आपसी सामंजस्य की। इस रिश्ते में झगड़ा खूब कीजिए, लेकिन एक-दूसरे के प्रति ग़लत धारणा को मन में स्थायी जगह मत दीजिए, और न ही किसी तीसरे को बीच में लाइए, न ही आने दीजिए।

यहाँ बात उन पुरुषों की भी होनी चाहिए जो परिवार को प्राथमिकता न देकर निजी शौक में ज़्यादा दिलचस्पी रखते हैं। उन्हें भी सोचना चाहिए कि परिवार की ज़िम्मेदारी पहले है, बाद में निजी भोग-विलास।

यदि किसी पुरुष की प्राथमिकता पहले स्वयं की है, तो उसे भी अविवाहित रहना चाहिए ताकि वह किसी अन्य स्त्री का जीवन बर्बाद न करे!

याद रखिए, आप एक पति हैं, पिता हैं, किसी के वयस्क पुत्र हैं; आपका भी एक पारिवारिक दायित्व है। आपके निजी शौक ज़्यादा मायने नहीं रखते।

अपने ख़र्चे सीमित रखिए, और यदि नहीं रख सकते, तो मेहनत करके इतना धन कमाइए कि आपके और परिवार की आर्थिक स्थिति पर कोई विपरीत प्रभाव न पड़े, क्योंकि दुनिया और समाज में बराबरी नहीं है। आर्थिक ज़िम्मेदारी आप पुरुषों की है।

हमारे समाज में इसी सोच के हिसाब से विज्ञापन भी ऐसे ही बनते हैं – एक बीमा विज्ञापन में एक महिला अपने पति की हार पहनी फोटो को देखकर शिकायत करती है कि “अब मेरा और बच्चों का ख़र्चा कैसे चलेगा, तुम तो टर्म लाइफ़ इंश्योरेंस लिए बिना ही चले गए।”

अर्थात, विज्ञापन स्क्रिप्ट लिखने वाले की घटिया मानसिकता देखिए कि एक महिला अपने पति की मृत्यु के बाद भी उससे नाखुश है और शिकायत कर रही है।

यह केवल एक विज्ञापन नहीं, बल्कि असल जीवन का सत्य और दुनिया की मानसिकता भी है। आपने कभी विज्ञापन में किसी महिला को जीवन बीमा लेते हुए नहीं देखा होगा; हाँ, ज्वेलरी लेते और शॉपिंग करते हुए हमेशा देखा होगा। इसलिए जीते-जी एक पुरुष को अपनी संपत्ति बना लेनी चाहिए या पारिवारिक सुरक्षा को देखते हुए एक जीवन बीमा तो ले ही लेना चाहिए, ताकि आपकी पत्नी और बच्चों को एक आर्थिक सहारा मिल सके और उन्हें कोई शिकायत न रहे। यह एक पुरुष का परम कर्तव्य और दायित्व है।

मैं चाहता तो इस विषय पर कोई भी हास्य कहानी लिख सकता था, किन्तु यह रिश्ता जितना हास्यप्रद है, उतना ही गंभीर और महत्वपूर्ण भी है। आप सोचिए, तभी तो इस रिश्ते पर ही इतने सारे चुटकुले बनते हैं, हास्य फ़िल्में बनती हैं, कवि सम्मेलन होते हैं, और असल जीवन में भी कई बार गंभीर समय या तकरार के बीच ऐसी स्थिति आ जाती है कि पति-पत्नी को भी हँसी आ ही जाती है या हँसने के अलावा कोई और विकल्प नहीं बचता। कई विवाहित जोड़ों ने इसका अनुभव अपने जीवन में किया होगा। अतः हर पति-पत्नी को अपना-अपना दायित्व और ज़िम्मेदारी उठानी चाहिए, क्योंकि अपने घर के काम करने वाली स्त्री कोई नौकर या किसी की गुलाम नहीं होती,

और अपने परिवार के लिए बाहर के काम करके कमाने वाला पुरुष भी कोई नौकर या कोल्हू का बैल नहीं होता। अर्थात, ये भावनाएँ और समानता माँगने का भूत अपने मन से निकाल दें, क्योंकि आपका परिवार और रिश्ते के स्तंभ आप दोनों हैं, और यह आपसे मिलकर ही चलना है, लड़कर नहीं! इसलिए जिनको लगता है कि यह रिश्ता केवल मेरी वजह से चल रहा है, वे केवल एक वर्ष तक अपने जीवनसाथी का किरदार असल जीवन में निभाकर देख लें, सारी शिकायतें दूर हो जाएँगी।

अधिकार मेरे और कर्त्तव्य तेरे वाली मानसिकता से घर नहीं चलता। कर्त्तव्य पालन करना सीखिए, समय रहते अधिकार अपने-आप मिल जाएंगे। एक-दूसरे का विश्वास जीतने में समय लगता है क्योंकि गृहस्थ जीवन इतना आसान नहीं है। वैवाहिक जीवन जीते हुए धैर्यवान और शांत बने रहना एक बहुत बड़ी साधना है। जब आप किसी संन्यासी से पूछेंगे, तो वह कहेगा–संन्यासी जीवन अधिक कठिन है, और एक सांसारिक पुरुष से पूछेंगे, तो वह कहेगा–सांसारिक जीवन अधिक कठिन है। यहाँ दोनों का अपना-अपना दृष्टिकोण और वास्तविक अनुभव यह बात कहता है, क्योंकि एक संन्यासी सांसारिक जीवन छोड़ चुका है, सब रिश्तों-नातों का, भोग-विलास का त्याग कर चुका है। वह किसी के साथ नहीं रहता, न किसी से उम्मीद, न किसी की ज़िम्मेदारी; इसलिए वह दुःख नहीं भोगता, मानसिक तौर पर अपनी साधना में मस्त रहता है। वहीं, एक सांसारिक जीवन जीने वाला पुरुष अपने परिवार और संसार से जुड़ा हुआ है, उसका उससे लेना-देना है, किसी से उम्मीदें हैं, किसी की ज़िम्मेदारियाँ हैं। वह सांसारिक सुख भोग रहा है, तो वह सांसारिक दुःख भी भोग रहा है, लेकिन यदि वह इसके साथ धैर्यवान और शांत बना हुआ है, तो यह भी किसी साधना से कम नहीं। इसलिए गृहस्थ जीवन एक तपस्या की तरह है, और गृहस्थ जीवन से ही तो संसार चल रहा है, आगे बढ़ रहा है। हर रोज़ कोई जन्म लेता है, तो किसी की मृत्यु होती है। यदि हर कोई संन्यासी बन जाए, तो कर्म कौन करेगा? मनुष्य का जन्म कैसे होगा? संसार की वृद्धि रुक जाएगी और एक दिन वह समाप्त हो जाएगा। इसलिए पति-पत्नी को चाहिए कि वे अपने-अपने अभिमान का, तुलना का, व्यक्तिगत लाभ या धन का, अनैतिक माँगों का, व्यक्तिगत हितों का, अनैतिक अधिकारों का त्याग करें। क्योंकि सुख-दुःख, अनुकूल और विपरीत परिस्थितियाँ तो जीवन

में आएँगी ही, लेकिन इन मूल बुराइयों का त्याग करेंगे, तो ही आपका विवाह सफल होगा।

भले ही आप विवाह के बाद 30-40 वर्ष एक-दुसरे का कितना भी विरोध कर लें, लेकिन यही एक रिश्ता है, जो बढ़ती आयु और वृद्धावस्था में एक-दूसरे के काम आता है, एक-दूसरे की सेवा करता है। जीवन के अंतिम दिनों में, मानसिक और शारीरिक तौर पर असमर्थ होने पर पति-पत्नी से अधिक कोई और एक-दूसरे का ध्यान नहीं रखता, और किसी एक की मृत्यु के पश्चात् भी दूसरा मानसिक रूप से हमेशा के लिए अकेला हो जाता है। इसलिए, बाद में किसी एक की भी कमी का अहसास होने से पहले, जीवित रहते हुए एक-दूसरे का साथ दीजिए ताकि उन खुशनुमा यादों के सहारे खुशी से अकेले भी जी सकें। और यदि चाहें, तो दोनों किसी विधवा महिला या विधुर पुरुष से एक बार उनका अकेलापन सुनें और समझें, तब पता चलेगा कि बिना पत्नी या पति के उनका जीवन कैसा और कितना कठिन है।

22

मृत्यु

मृत्यु एक अटल सत्य है। पृथ्वी पर कोई भी जीव हो, जिसका जन्म हुआ है, उसकी मृत्यु निश्चित है। गीता में स्वयं श्रीकृष्ण ने कहा है कि प्रत्येक जीव और मनुष्य-शरीर की मृत्यु तय है, केवल उसकी आत्मा अजर अमर और नश्वर है। हर मृत्यु के पश्चात वह पुराना शरीर त्यागकर अपने कर्मों के हिसाब से नया शरीर धारण करती है। इसे मनुष्य और जीवों का पुनर्जन्म कहते हैं। एक न एक दिन सभी को मरना है, लेकिन हर मनुष्य चाहता है कि उसकी आयु लंबी हो, उसका जीवन सुखी और मौज-मस्ती में बीते। लेकिन मृत्यु हमारे हाथ में नहीं है। काल को वश में करने वाला रावण भी मृत्यु से हार गया था। इस अनंत ब्रह्माण्ड में केवल शिव ही हैं, जो काल से भी परे हैं, इसलिए उन्हें कालों का काल महाकाल कहा जाता है। मनुष्य जन्म से मृत्यु तक कर्म करता रहता है। यही मानव जीवन का पहला और अंतिम सिद्धांत है। इन्हीं कर्मों के हिसाब से हमें सुख-दुःख की प्राप्ति होती है। हमारा जन्म हमारा भाग्य है, किंतु हमारी मृत्यु हमारा सौभाग्य है। सौभाग्य इसलिए कह रहा हूँ क्योंकि आप कितना भी सौ-दो सौ वर्ष जी लें, एक समय आपको मन में लगेगा कि बस अब यह शरीर त्याग दूँ, मुझे मृत्यु आ जाए। हमें ईश्वर का धन्यवाद करना चाहिए कि उन्होंने मृत्यु बनाई, वरना हमारा शरीर कभी मुक्त नहीं होता। आप सोचिए, यदि कोई मनुष्य सैकड़ों वर्षों तक जीवित रहे और उसे मृत्यु मिले ही ना, तो वह कितने शारीरिक और मानसिक कष्ट भोगेगा। मनुष्य जन्म से ही खान-पान, रहन-

सहन, अच्छी और बुरी आदतें, दिनचर्या-जीवनचर्या और ज़िम्मेदारियों के अनुसार शारीरिक सुख और दुःख भोगता है।

कई बार मनुष्य इतने भयानक रोगों से पीड़ित होता है कि मृत्यु से ही उसे कष्टों से मुक्ति मिल पाती है। जीवन में आपने कई लोगों को देखा होगा, जो अपने रोग और शरीर से इतना परेशान हो जाते हैं कि वे मृत्यु चाहते हैं, फिर भी उन्हें मृत्यु नहीं मिलती। वे तड़पते रहते हैं। भीष्म पितामह इसका सबसे बड़ा उदाहरण हैं – वे बहुत समय तक बाणों की शैय्या पर लेटे रहे, तड़पते रहे, पर मृत्यु अर्थात शरीर को मुक्ति नहीं मिल रही थी। इसे ही कर्मफल कहा गया है, जिसे भोगना ही पड़ता है। किंतु शरीर और मन के कष्ट मृत्यु से ही समाप्त होते हैं, इसलिए मृत्यु को अपना मित्र समझें। जिस दिन भी आएगी, सारे दुःख-कष्ट ले जाएगी, हमारे काम, क्रोध, लोभ, मोह-माया सब समाप्त हो जाएंगे। शरीर में न कोई हलचल, न कोई हरकत–केवल ईश्वर की प्राप्ति, फिर आत्मा का नया शरीर धारण और फिर वही कर्मचक्र।

मृत्यु अमीर-गरीब में कोई भेद नहीं करती। दुनिया में कोई भी मनुष्य कितना भी अमीर या शक्तिशाली हो, मृत्यु को रोक नहीं सकता–न पैसे से, न बल से। रावण इतना शक्तिशाली और विद्वान था कि वह मृत्यु को अपनी दासी समझता था, फिर भी उसे रोक नहीं पाया। दुनिया का कोई आर्टिफ़िशियल इंटेलिजेंस भी मृत्यु को रोक या टाल नहीं सकता। इसलिए इस सत्य को हमें सहर्ष स्वीकार करना चाहिए। जब असल जीवन या किसी फ़िल्मी कहानी में कोई खलनायक मरता है, तब हमें बड़ी खुशी होती है, अच्छा लगता है। लेकिन हम मनुष्य स्वयं के जीवित रहते अपने अंदर के खलनायक को कभी नहीं मारते। हम अपने किए पापों को तुरंत क्षमा कर देते हैं और फिर हर दिन नए पाप करते हैं। कभी उन्हें नष्ट करने या मारने की कोशिश नहीं करते, बल्कि अपने पापों को रोकते तक नहीं। हमें जीवित रहते अपनी बुराइयों को मारना चाहिए; इससे हमारी ही मृत्यु आसान होगी। हम सभी मानते हैं कि गंगा में स्नान करने से हमारे पाप नष्ट हो जाते हैं, लेकिन हमारे मन और बुद्धि का क्या? उसे तो हमें ही शुद्ध करना है, और वह केवल ईश्वर के बताए सिद्धांतों से ही होगा। ईश्वर कहते हैं कि मन, कर्म और वचन से किसी का अहित मत करो, लेकिन उनकी यह बात हम कभी नहीं मानते। तो

बुद्धि शुद्ध कहाँ से होगी? क्योंकि हम अपने मन, कर्म और वचनों को अपने नियंत्रण में नहीं रखते। आप भी कभी यह आत्मचिंतन कीजिएगा कि आपका स्वयं पर कितना नियंत्रण है।

श्मशान में लिखा होता है – 'मृत्यु ही परम सत्य है, खाली हाथ आए थे, खाली हाथ जाएंगे'– लेकिन हर मनुष्य अपने कर्मों को साथ ले जाता है। इसलिए बुरे कर्मों की संख्या कम कीजिए, आपका ही बोझ कम होगा। जीवन में असली नोट की तरह बनिए, जो नष्ट होने से पहले लाखों बार भी चल जाता है। इसके विपरीत, नकली नोट गलती से दस बार भी चल जाए, तो ग्यारहवीं बार पकड़ा ही जाएगा।

इसलिए हर रोज़ ख़ुद से एक बार बात ज़रूर करें – "मैं कौन हूँ? मैं क्या हूँ? मेरे जीवन का उद्देश्य क्या है?" हर दिन अपना आकलन करें, खुद में सुधार करते रहें, यही काम आएगा। वैसे भी मृत्यु के पश्चात् का रहस्य कोई नहीं जानता। यह समाज अख़बार में आपकी मृत्यु के विज्ञापन के आकार से आपकी हैसियत को आंकता है। आपके परिजन विज्ञापन में जितनी बड़ी श्रद्धांजलि देंगे, जितना बड़ा शोक व्यक्त करेंगे, उसी से आपके प्रति प्रेम की गणना होगी। शवयात्रा में जमा हुई भीड़ से लोग सम्मान को तौलते हैं, लेकिन किसी की मृत्यु के बाद भी समाज और लोगों का तौलने का नज़रिया बिल्कुल ग़लत है।

किसी व्यक्ति की मृत्यु के पश्चात् यदि परिजनों ने अख़बार में मृत्यु-संदेश नहीं दिया, तो इसका यह अर्थ नहीं कि उन्हें उससे प्रेम नहीं था या उन्हें दुःख नहीं है। किसी की शवयात्रा में यदि चार लोग भी होते हैं, तो उनका क्रियाकर्म होता है, और उसके कर्मों के हिसाब से उसकी आत्मा को शांति मिलेगी – न कि समाज की भीड़ या उनके विचारों से।

ऐसे तो एक आतंकवादी की मृत्यु पर भी हज़ारों की भीड़ होती है, लेकिन वह कोई हीरो नहीं था। हम सब ऐसे कृत्य की भर्त्सना करते हैं, न कि उस आतंकवादी का महिमामंडन करते हैं कि देखो कितनी भीड़ है। इसलिए मृत्यु केवल मृत्यु होती है। उसका आकलन श्रद्धांजलि देने वालों की संख्या से नहीं करना चाहिए।

जाने वाला तो चला गया। आपके व्यक्तिगत रूप से उससे क्या और कैसे संबंध थे, या मृतक किसी परिजन या मित्र का या आपका अपना संबंधी था,

तो आप वहाँ शोक व्यक्त करने जाते हैं। जितना संभव हो, जाना भी चाहिए। लेकिन शवयात्राओं से ज़्यादा भीड़ मृत्युभोज में होती है – मैंने तो यही देखा और अनुभव किया है। इसलिए जीवित रहते अपने परिवार को खुशियाँ और समय दीजिए, क्योंकि यह आपका दायित्व है। उम्मीदें मत रखिए। वर्तमान समय की पीढ़ी बड़ी निर्दयी है। वह आपकी मृत्यु के पश्चात् यही आंकलन करेगी कि आप उनके लिए कितनी संपत्ति और विरासत छोड़ गए हैं। आपका पितृ एवं मातृ ऋण कोई नहीं चुकाएगा। हालांकि सभी ऐसे नहीं होते, लेकिन वर्तमान में अच्छी संतानों की संख्या बहुत ही कम है, क्योंकि आधुनिक युग में लोगों में भावनाएँ नहीं हैं और लोग मानवीय मूल्यों से जुड़े हुए नहीं हैं। उनकी एक अलग ही दुनिया है। इसलिए जीवित रहते ही अपनी आत्मा को शुद्ध रखिए, मृत्यु के पश्चात् उसे शांति मिल ही जाएगी। हमारी सनातन संस्कृति एवं परंपरा में मृत्यु के पश्चात् स्वर्ग और नर्क का उल्लेख है। कहते हैं, मनुष्य को कर्मों के अनुसार स्वर्ग और नर्क की प्राप्ति होती है। खैर, यह तो मृत्यु पाने वाले को ही पता कि होगा उसे क्या मिला, लेकिन हम जीवित लोग मृतक को केवल स्वर्गवासी ही मानते हैं। कोई भी मृतक को नर्कवासी नहीं मानता या लिखता है।

कहते हैं, अमुक व्यक्ति का स्वर्गवास हो गया और नाम के आगे स्वर्गीय लिखा जाता है। चाहे मृतक व्यक्ति हमारी दुनिया में कितना भी बड़ा दुष्कर्मी या पापी रहा हो, उसे यहाँ 'स्वर्गवासी' ही कहा जाएगा, जबकि वास्तविकता यह हो सकती है कि मृत्यु के पश्चात् वह 'नरकवासी' हो। कर्मों के अनुसार मुझे, आपको और हर मनुष्य को स्वर्ग या नर्क भोगना ही पड़ता है।

गरुड़ पुराण के अनुसार, पृथ्वी लोक के ऊपर स्वर्गलोक है जहाँ देवता वास करते हैं। वहाँ जाने वाले को सुख-समृद्धि, सत्कार और शांति मिलती है, इसलिए उसे स्वर्ग कहा गया है। वहीं, पृथ्वी लोक के नीचे पाताल लोक को नर्कलोक कहा जाता है। बुरे कर्म करने वाले मनुष्य को यहीं लाया जाता है, जहाँ उन्हें उनके कर्म और अपराध के अनुसार अलग-अलग प्रकार की यातनाएँ दी जाती हैं। गरुड़ पुराण में हर पाप की सजा का विस्तार से उल्लेख है।

मानव जीवन कोई आसान जीवन नहीं है। हर मनुष्य को इसमें अनेक चुनौतियाँ, दुःख, परेशानियाँ और समस्याएँ झेलनी पड़ती हैं। कई बार इन्हीं परिस्थितियों के कारण हमसे अनजाने में अनेक प्रकार के पाप हो जाते हैं।

किंतु श्रेष्ठ मनुष्य वही है जो इन कठिनाइयों से जूझते हुए अपने मन को पापकर्मों से नियंत्रित रखे।

जीवन में हम मनुष्यों को सुख-समृद्धि, धन-दौलत, भोग-विलास, रास-लीलाएँ और मानसिक शांति–सब कुछ, वह भी एक साथ और सदा के लिए चाहिए। किंतु पापकर्म करके हम स्वयं ही यह सब नष्ट कर देते हैं। यदि हम पुराणों का अनुसरण करते हुए, मृत्यु के पश्चात् स्वर्ग प्राप्ति के लिए, जीवित रहते हुए पुण्यकर्म करें, तो हम वास्तव में स्वर्गवासी बन सकते हैं।

पर विडंबना यह है कि हम कर्म तो नरकवासी वाले करते हैं, लेकिन दूसरों को 'स्वर्गवासी' कहकर संतोष कर लेते हैं। ईश्वर अत्यंत उदार हैं–वे हमें जीवन में कई प्रकार के अवसर देते हैं।

यदि आप यह पढ़ रहे हैं, तो अपने अब तक के जीवन का आत्मविश्लेषण कीजिए। आपने निश्चय ही कुछ पुण्यकर्म किए होंगे–यह बहुत अच्छी बात है–लेकिन कई बार ऐसे पाप भी किए होंगे जिन्हें यदि कोई दूसरा आपके साथ करे, तो आप उसे कभी क्षमा न करें और दंड भी देना चाहें। सोचिए, इतने पाप करने के बाद भी आप आज जीवित हैं; ईश्वर आपको साँसें और अवसर दे रहा है।

जैसे हम भविष्य की अनिश्चितताओं से बचने के लिए इंश्योरेंस लेते हैं, उसी प्रकार नर्क की अनिश्चितताओं से बचने के लिए सद्कर्मों का प्रीमियम भरिए। ईश्वर आपको इंश्योर कर ही देंगे और उनका क्लेम सेटलमेंट अनुपात 100 प्रतिशत है। हम सबके पास बुद्धि है, उचित-अनुचित क्या है, यह भी पता है। हम जो अच्छे-बुरे कर्म करते हैं, कोई दूसरा मनुष्य उन्हें देखे या न देखे, फ़र्क नहीं पड़ता। हमारा अच्छा-बुरा हमारी अंतरात्मा और ईश्वर–दोनों जानते और देख रहे हैं। यदि ईश्वर क्षमा करना न चाहें तो उन्हें ज़्यादा कुछ करने की आवश्यकता नहीं; पल भर में वायु रोक कर हर मनुष्य के प्राण हर सकते हैं, लेकिन वे स्वयं विष पीकर अमृत बाँटने वाले, क्षमाशील हैं। इसलिए स्वर्ग का वासी बनने के लिए हम शिवजी से ही सीख लें। वैसे भी स्वर्ग कैलाश पर्वत के ऊपर स्थित है, जहाँ मृत्यु के पश्चात् हमें शिवजी भी प्राप्त हो सकते हैं। इसलिए जीवन में अपना परिचय अच्छा बनाइए, ताकि मृत्यु से परिचय सुखद हो।

जीवन और मृत्यु के संबंध में यह आवश्यक नहीं कि हम हमेशा अपनी या अपने परिजनों की लंबी आयु, स्वस्थ शरीर चाहें और वह सार्थक ही हो। मनुष्य की आयु कितनी भी हो, परिस्थितियाँ, साथ और सेवा अधिक आवश्यक हैं।

इसे एक काल्पनिक कहानी के माध्यम से समझाता हूँ।

प्राचीन समय में एक युवक अपने माता-पिता के साथ रहता था। वह 25 वर्षीय युवा था और उसके माता-पिता बूढ़े हो रहे थे। वह अविवाहित था, सदैव ईश्वर की भक्ति में लीन रहता था और हर समय अपने माता-पिता की सेवा करता था।

उन्हें प्रसन्न रखता था और छोटा-मोटा काम करके परिवार चलाता था। माता-पिता ने उसे कई बार कहा कि विवाह कर ले, किन्तु वह अविवाहित रहना चाहता था। उसे भय था कि पत्नी उस प्रकार माता-पिता की सेवा नहीं करेगी, जिस प्रकार वह करता है। यह सोचकर उसने कभी विवाह नहीं किया और अपना जीवन पूरी तरह माता-पिता को समर्पित कर दिया। समय बीतता गया, वह 50 वर्ष का हो गया और माता-पिता और भी वृद्ध हो गए। उनसे यह देखा नहीं जा रहा था। वह हर समय ईश्वर की भक्ति करने लगा, मानो कठिन तपस्या कर रहा हो।

अंततः ईश्वर भी प्रसन्न होकर उसके सामने प्रकट हुए और बोले – "मांगो, तुम्हें क्या चाहिए?"

उसने हाथ जोड़कर कहा – "हे ईश्वर, मेरे माता-पिता को दीर्घायु प्रदान करें, वे 200 वर्षों तक जीवित रहें।"

ईश्वर ने उसे यह वरदान दे दिया। वह बहुत प्रसन्न हुआ कि अब उसके माता-पिता की आयु लंबी हो गई है। लेकिन कुछ ही वर्षों बाद उसकी मृत्यु हो गई। उसके माता-पिता जीवित तो रह गए, पर उनकी सेवा और आजीविका के लिए कोई नहीं था। चाहकर भी उनके शरीर से प्राण नहीं निकल रहे थे। वृद्धावस्था, दुःख-तकलीफ और बिगड़ते स्वास्थ्य के साथ वे अपना जीवन व्यतीत करने लगे। कई वर्षों तक जीवन असामान्य हो गया, किन्तु मृत्यु उनसे अब भी दूर रही। वे बस इसी प्रतीक्षा में जीने लगे कि कब उनकी आयु 200 वर्ष पूरी हो।

इस कहानी से हमें यह समझना चाहिए कि आवश्यक नहीं कि जीवन में हम जो अच्छा चाहें, वह प्राप्त भी हो और सुखदायी भी हो। उस युवक ने अपने माता-पिता के लिए अच्छा ही चाहा, किन्तु वह हमेशा उनके साथ नहीं रह पाया। उसकी मृत्यु हो गई, पर माता-पिता के पास कोई सहारा और सेवा करने वाला न रहा।

अर्थात् जब जिसकी मृत्यु आनी है, वह तभी आएगी; किन्तु हमें यह भी नहीं चाहना चाहिए कि जिसके होते हुए भी कोई साथ न हो, कोई ध्यान रखने वाला न हो, और जिसके लिए किया, वही अकेला और दुःखी रह जाए। इसलिए जीवन में जो भी प्राप्त करें, वह केवल उचित ही नहीं, बल्कि उचित परिस्थितियों वाला भी होना चाहिए।

(23)

मृत्यु के पश्चात् ईश्वर से वार्तालाप

मृत्यु के पश्चात् एक स्त्री का ईश्वर से वार्तालाप

स्त्री – हे ईश्वर, आपने मुझे स्त्री शरीर क्यों दिया?

ईश्वर – संसार में केवल दो ही शरीर हैं; तुम्हारे कर्मों के अनुसार उनमें से एक तो मिलना ही था।

स्त्री – लेकिन फिर भी स्त्री शरीर ही क्यों?

ईश्वर – कृतज्ञ रहो, तुम्हें पशु योनि भी मिल सकती थी।

स्त्री – लेकिन स्त्री जीवन भी तो पशुओं जैसा ही था–कोई अधिकार नहीं, कोई आदर नहीं, कोई समानता नहीं; केवल शारीरिक पीड़ाएँ और पारिवारिक ज़िम्मेदारियाँ।

ईश्वर – तुम संसार की जननी हो। तुम्हें तुम्हारा पुत्र सर्वाधिक प्रिय था, और मैंने तुम्हें माँ बनने का सुख प्रदान किया। स्त्री शरीर का शारीरिक चक्र ऐसा है कि उसे कुछ शारीरिक पीड़ाएँ झेलनी पड़ती हैं, किन्तु इसके अतिरिक्त कई प्रकार की मानसिक और आंतरिक पीड़ाएँ पुरुष शरीर की होती हैं, जिनसे तुम सारा जीवन अनभिज्ञ रही। यदि तुम न होतीं तो इस संसार में पुरुष का जन्म भी न होता। स्त्री एवं पुरुष शरीर–दोनों संसार के पूरक हैं। रही बात कर्तव्य की, तो मनुष्य शरीर का नियम ही यही है–जिसे जो कर्तव्य एवं दायित्व मिले, वह

उनका निर्वहन करे, चाहे वह स्त्री शरीर हो या पुरुष शरीर। तुम्हारी पशुओं से तुलना उचित नहीं; तुमने पशु योनियों का जीवन भी स्वयं देखा है और अपना भी। स्मरण करो, तुमने अपने जीवन में कितना परिश्रम किया, कितनी धन-संपत्ति अर्जित की, तथा अपने पिता एवं पति से कितना उपभोग किया–उसके अंतर की गणना स्वयं कर लो, तुम्हें तुम्हारा उत्तर मिल जाएगा। तुम्हें केवल मनुष्य एवं स्त्री शरीर के दुःख स्मरण रहे, किन्तु उसमें जो सुख थे, जीवन में जो रंग, रस और रिश्ते थे और भी बहुत कुछ था। इसके इतर, पशु योनि में मादा शरीर के कष्ट एवं जीवन यात्रा तुम सुन भी नहीं सकोगी। किन्तु वह पशु योनि भी उन पशुओं ने अपने कर्मों से ही प्राप्त की थी, और यह मनुष्य योनि तुमने अपने कर्मों से पाई है।

स्त्री – लेकिन भगवान, आपने मुझे स्त्री शरीर में भी श्रेष्ठ जीवन क्यों नहीं दिया?

ईश्वर – (उसके बाएँ तरफ़ इशारा करते हुए) इन दो स्त्री शरीर की आत्माओं को देखो–इनमें से एक बहुत ही निर्धन परिवार में जन्मी थी और अपना समस्त जीवन अनेक दुखों एवं कष्टों को झेलते हुए व्यतीत किया। यह उसके पूर्वजन्म और वर्तमान जन्म, दोनों के कर्मों का फल था, और वर्तमान जन्म के कुछ कर्मों का फल वह अगले जन्म में भोगेगी। दूसरी स्त्री धनी परिवार में जन्मी, अनेक सुविधाओं और व्यवस्थाओं में अपना जीवन व्यतीत किया, और अपने परिश्रम से स्वयं धन अर्जित किया। यह भी उसके पूर्वजन्म के फल और वर्तमान जन्म के कर्मों का परिणाम था। अर्थात्, सबका सुख-दुःख, लाभ-हानि, जीवन यात्रा, भिन्न-भिन्न होती है। न किसी की किसी से तुलना उचित है, न होनी चाहिए। केवल तुम्हारा कर्म ही तुम्हें अच्छा या बुरा फल प्रदान करेगा।

स्त्री – मुझे मोक्ष कब मिलेगा?

ईश्वर – यह किसी मनुष्य को नहीं पता। तुम केवल मेरे कहे हुए वचनों का पालन करते हुए कर्म करो और प्राप्त योनि में जीवन यापन करो। ना यह संसार तुम्हारा ऋणी है, और ना ही मैं।

मृत्यु के पश्चात् एक पुरुष का ईश्वर से वार्तालाप

पुरुष – हे ईश्वर, आपने मुझे इतना कठिन जीवन क्यों दिया?

ईश्वर – क्योंकि तुम इससे भी कठिन, गर्भधारण जैसा कार्य नहीं कर सकते।

पुरुष – परन्तु इस संसार में हम पुरुषों की भावनाएँ कोई नहीं समझता।

ईश्वर – ऐसा नहीं है। हर पुरुष की भावनाएँ, विचार एवं पुरुषार्थ भिन्न-भिन्न हैं। संसार में कोई ज्ञानी पुरुष है तो कोई परिश्रमी; कोई व्यभिचारी है तो कोई अभिमानी; कोई दुष्कर्मी है तो कोई पापी; कोई पराक्रमी है तो कोई संरक्षक; कोई कर्तव्यपरायण है तो कोई कर्तव्यहीन; कोई विनम्र है तो कोई निर्दयी; कोई अपराधी है तो कोई पीड़ित। मैंने सबको समान जीवन दिया है, किन्तु अपना-अपना पुरुषार्थ तुम पुरुषों ने स्वयं गढ़ा है।

पुरुष – लेकिन मैंने तो हमेशा अपना कर्तव्य निभाया, कभी किसी के साथ ग़लत नहीं किया।

ईश्वर – स्मरण करो, क्या तुमने कभी किसी स्त्री को ग़लत दृष्टि से नहीं देखा? कभी किसी के साथ दुर्व्यवहार नहीं किया? कभी किसी स्त्री का अपमान नहीं किया? संसार में कई पुरुष हैं, पर उनमें से कुछ ही कर्तव्यनिष्ठ होते हैं–जो स्त्रियों का साथ देते हैं, उनका सहयोग करते हैं, पिता धर्म, पुत्र धर्म, पति धर्म और भाई धर्म निभाते हैं। किन्तु अधिकांश पुरुष कामवासनाओं में लिप्त रहते हैं, स्त्रियों का शोषण करते हैं, उन्हें प्रताड़ित करते हैं। पुरुष अनेक प्रकार के व्यसन करते हैं, माताओं-बहनों के नाम पर अपशब्द कहते हैं और धन की लालसा में असंख्य अनैतिक कार्य करते हैं। संसार में कुछ पुरुषों ने 'महापुरुष' होने की उपाधि पाई है, जबकि अनेक अपराधी पुरुष भी निर्लज्जता से अपना जीवन व्यतीत कर रहे हैं। मैंने पुरुषों को असीम बुद्धि और बल दिया है, किन्तु आज रक्षकों से अधिक विनाशक हो चुके हैं।

पुरुष – हे ईश्वर, मुझे मोक्ष कैसे प्राप्त होगा?

ईश्वर – मैंने वेदों, ग्रंथों, पुराणों एवं गीता में जीवन का सार बताया है। तुम उस मार्ग का अनुसरण करो। जिस प्रकार पाप का विनाश करने के लिए मैं हर बार अवतार लेता हूँ, उसी प्रकार तुममें से प्रत्येक पुरुष अपने अंतर्मन के पाप का नाश करके मोक्ष की प्राप्ति कर सकता है।

24

पाँच मित्र

अपने जीवन में हर मनुष्य को पांच मित्र अवश्य बनाने चाहियें। इनकी संगत को जीवन में उतारें, वही आपका उद्धार करेंगे। केवल इनकी संगत से ही जीवन में रंगत आएगी।

पहला मित्र – शिव

शिव हमारे ब्रह्माण्ड के केंद्र हैं, शिव ही आरम्भ हैं और शिव ही अंत हैं। किन्तु वे बहुत उदार हैं, सबसे जल्दी प्रसन्न हो जाते हैं एवं तुरंत फल देते हैं। हमें उनसे उदारता सीखनी चाहिए। हममें जो भी क्षमता है, जितनी भी है, हम उसका वैसा फल मनुष्यों को, पशुओं को, पेड़-पौधों को भी दे सकते हैं। एक मनुष्य किसी पौधे को जल देकर उसे वृक्ष भी बना सकता है, फिर उसके फलों एवं छाया का आशीर्वाद उसे ही मिलता है। शिव ब्रह्माण्ड के विनाशक हैं, इतने शक्तिशाली होने पर भी वे अपनी शक्ति का दुरूपयोग तो क्या प्रयोग भी नहीं करते। उसी प्रकार हमें भी अपनी शक्ति को नियंत्रण में रखना चाहिए, उसका दुरूपयोग नहीं करना चाहिए। जैसे शिव जी ने स्वयं विष पीकर देवताओं को अमृत दे दिया; हमें भी जीवन में दूसरों की भलाई के लिए स्वयं कष्ट रूपी विष पीना पड़े तो वह कष्ट ले लेना चाहिए, किन्तु वह केवल भले लोगों एवं भलाई के कार्य के लिए होना चाहिए, जैसा शिवजी ने किया था। इसलिए जीवन में भगवान शिव को अपना पहला मित्र बनाइए।

दूसरा मित्र – विष्णु

भगवान् विष्णु हमारी सृष्टि के संचालक हैं। वे ही जल, अग्नि, वायु, आकाश, पृथ्वी एवं ब्रह्माण्ड की अनंत वस्तुएं चलाते हैं, जिनसे हमें जीवन मिलता है। उसी प्रकार हम मनुष्यों को अपने परिवार में, समाज में, संसार में जो ज़िम्मेदारी मिली है, उसका पालन करना चाहिए। उनकी तरह हमारा एक उद्देश्य होना चाहिए। जिस प्रकार श्री हरि हर युग में पापों का विनाश करने के लिए अवतार लेते हैं और पूरी सृष्टि का कल्याण करते हैं, उसी प्रकार हमें भी अपने जन्म में अपनी क्षमता अनुसार मानव जाति का कल्याण करना चाहिए और अपने अंदर के पापों को नष्ट करना चाहिए।

इसलिए जीवन का दूसरा मित्र भगवान् विष्णु को बनाइए।

तीसरा मित्र – हनुमान

हनुमान जी का सम्पूर्ण चरित्र वर्णन हनुमान चालीसा में किया हुआ है। उन्हें संकटमोचन कहा जाता है। हमें भी उनकी तरह संकटमोचन बनकर दूसरों के संकट मिटाने चाहिएं। संसार में सबसे बलशाली एवं बुद्धिमान हनुमान जी हैं, किन्तु वे हमें सिखाते हैं कि बल और बुद्धि का प्रयोग आवश्यकतानुसार एवं आवश्यक होने पर ही करना चाहिए। वे प्रभु श्रीराम के परम भक्त एवं सेवक हैं, उनकी तरह हमें भी प्रभु भक्ति एवं सेवा में लीन रहना चाहिए।

जिस प्रकार महाभारत के युद्ध में अर्जुन के रथ के ऊपर ध्वज के रूप में हनुमान जी विराजमान होकर उसकी रक्षा कर रहे थे, उसी प्रकार जीवन में हमें भी अपनी उपस्थिति ऐसी बनानी चाहिए कि जिसके साथ हम खड़े हों, उसे साथ और आत्मविश्वास मिले; और जिसे हम सहारा दें, उसे बल प्राप्त हो। हनुमान चालीसा में कहा गया है –

बल बुद्धि विद्या देहु मोंहि, हरहु कलेश विकार।

इसलिए जीवन में तीसरा मित्र हनुमान को बनाइए।

चौथा मित्र – श्रीराम

भगवान श्रीराम को मर्यादा पुरुषोत्तम कहते हैं। उनसे हमें मर्यादा सीखनी चाहिए। जीवन में हर कार्य मर्यादा में रहकर करना चाहिए, जैसे रिश्तों की मर्यादा, धर्म की मर्यादा, मित्रता की मर्यादा, मनुष्य की मर्यादा, संसार की मर्यादा–सबका अपना एक दायरा है, उसे पार नहीं करना चाहिए। भगवान श्रीराम ने सदैव अपने तथा पिता के वचनों का पालन किया। जीवन में इसी प्रकार हमें भी सोच-समझकर किसी को वचन देना चाहिए और हर स्थिति में उसका पालन करना चाहिए। उन्होंने हमें पुत्र धर्म, बड़े भाई का धर्म, पति का धर्म, एक राजा का धर्म सिखाया। विपरीत परिस्थिति में भी छल-बल, अनीति या कपट नहीं किया। वे हमें धर्म का पालन करना सिखाते हैं। उन्होंने अपने पुरुषार्थ से रामराज्य की स्थापना की। गुणवान एवं बलवान होने के साथ विनम्र रहकर भी श्रेष्ठ पुरुषार्थ किया जा सकता है – ये उन्होंने बताया। इसलिए जीवन में चौथा मित्र श्रीराम को बनाइए।

पाँचवा मित्र – श्रीकृष्ण

बांसुरी बजाकर पशुओं को भी मोहित कर दे, वो है श्रीकृष्ण। पर्वत को एक ऊँगली पर उठा ले, वो है श्रीकृष्ण। आवश्यकता पड़ने पर सुदर्शन चक्र भी चला दे, वो है श्रीकृष्ण। उनकी तरह स्वयं को ऐसा बनाइए कि परिस्थिति के अनुसार खुद को वैसा ढाल लें। अर्थात अपनी मधुरता से किसी को भी मोहित कर लें, अपनी क्षमता से बड़े से बड़ा कार्य कर लें, और यदि आवश्यकता पड़े तो कंस जैसी सामाजिक बुराइयों को नष्ट करने के लिए अपना सुदर्शन चक्र भी चला दें। श्रीकृष्ण गीता के उपदेश से हमें जीवन का ज्ञान देते हैं, जन्म से लेकर मृत्यु तक का सत्य बताते हैं, जीवन प्रबंधन, राजनीति, युद्ध सब सिखाते हैं। उनके जैसा गुरु हमें कोई नहीं मिल सकता। इसलिए जीवन में उनके गीता वचनों का अनुसरण करते हुए उन्हें अपना पाँचवां मित्र बनाइए।

25

संदेश

प्रिय पाठकों, अब हम इस पुस्तक की समाप्ति पर हैं। बेशक आज हम आर्टिफिशियल इंटेलिजेंस के दौर में हैं, किन्तु जीवन के मूल सिद्धांतों में ओरिजिनल इंटेलिजेंस ही आपको काम आएगी। इसलिए मैंने मनुष्य जीवन से जुड़े आदर्श और मौलिक विषयों पर जन्म से मृत्यु तक अपने विचार एवं सुझाव रखे हैं।

यही सब विषय हमारी ओरिजिनल इंटेलिजेंस (मौलिक बुद्धिमत्ता) हैं, जो जीवन के हर मोड़ पर, हर स्थिति में, हर परिस्थिति में और मन:स्थिति में काम आती है। मेरे मस्तिष्क में कई और भी विषय थे जिन पर मैं बहुत कुछ लिख सकता था, किन्तु इस पुस्तक में लिखे गए विचार, कार्य, बातें, सुझाव, सन्देश, चर्चा, वाद-विवाद – जो भी आप समझें – वे जीवन में अतिआवश्यक हैं। इनके बिना मनुष्य जीवन की कल्पना भी नहीं की जा सकती।

मनुष्य जन्म से लेकर माता-पिता, शिक्षा, सुख-दुःख, पैसा, निवेश व बचत, समय, आहार, परिवर्तन, पति-पत्नी, मित्र एवं मृत्यु तक के सारे पड़ाव हर मानव के जीवन में आते हैं। उन्हें कैसे जीना चाहिए, क्या करना चाहिए, क्या नहीं करना चाहिए – यह सब बुनियादी मानदंड आपको बताते हैं। इसमें कोई बड़ा ज्ञान-विज्ञान का भण्डार नहीं है। यह सब जीवन के आम पड़ाव हैं जिन्हें हम समझने की कोशिश नहीं करते, कुछ लोग समझते भी हैं पर वैसा व्यवहार नहीं करते।

इस पुस्तक में मैंने यही बताने की कोशिश की है कि हर पड़ाव में मनुष्य को सामान्य रहकर क्या-क्या करना चाहिए। बेशक आप अपने कार्यों को सुगमता से करने के लिए आर्टिफिशियल इंटेलिजेंस का प्रयोग करते हैं, लेकिन आप 24 घंटे कार्य पर नहीं होते, ना ही जीवन भर AI पर निर्भर रह सकते हैं, खासकर इन पड़ावों को समझने, सीखने, परिस्थिति का सामना करने और जीने के लिए आपकी मौलिक बुद्धिमत्ता (ओरिजिनल इंटेलिजेंस) ही काम आएगी।

दुनिया की कोई भी AI मनुष्य की मनःस्थिति, परिस्थिति, स्वास्थ्य, सुख-दुःख या उसके कर्म को परिवर्तित नहीं कर सकती। इसके लिए आपको ईश्वर की बनाई अमूल्य OI की ही आवश्यकता होगी, जिसका उपयोग आपको, हमें, मुझे–सभी को करना चाहिए। और याद रखें, AI भी हम मनुष्यों ने बनाई है, जबकि हमें स्वयं ईश्वर ने बनाया है और उसने हमें ओरिजिनल इंटेलिजेंस प्रदान की है।

याद रखें, ईश्वर से बड़ी शक्ति कोई नहीं; मैंने अपने व्यक्तिगत जीवन में इसे अनुभव किया है।

सुख-दुःख, परेशानियाँ, उतार-चढ़ाव, अच्छा-बुरा, सामान्य-असामान्य – सब परिस्थितियां हर मनुष्य के जीवन में आती हैं। बस व्यक्तिगत रूप से आप इन मूल सिद्धांतों और सही कर्मों पर डटे रहिए। जीवन में आपके पास ज़्यादा नहीं; केवल दो ही विकल्प हैं – सही और गलत। इसलिए आपको दुविधा में भी नहीं रहना, आप जिस भी पड़ाव पर हैं केवल सही बने रहिए और सही कीजिए। ईश्वरीय की शक्ति आपका हाथ कभी नहीं छोड़ेगी।

मैंने स्वयं अपने जीवन में बहुत उतार-चढ़ाव देखे हैं। कम आयु और कम अनुभव में कुछ अच्छा किया, कुछ गलतियाँ कीं – कुछ परिस्थितिवश, कुछ जाने-अनजाने; जैसा कि हर इंसान करता है और अपनी मृत्यु तक करता रहेगा। इसलिए हमें उन गलतियों से सीखते हुए आगे बढ़ना चाहिए, ताकि हम उन्हें सुधार सकें। इन्हीं अनुभवों और विचारों को मैं इस पुस्तक में साझा कर रहा हूँ।

जीवन में रिश्ते-नाते, मित्र, समाज, दुनिया–हर कोई, हर किसी का साथ केवल संबंध के दायरे तक ही देता है। न आप मेरे मस्तिष्क में प्रवेश कर

उसे बदल सकते हैं, न मैं आपके; जब तक कि हम स्वयं उसे सही दिशा में न बदलें। इसलिए उस दायरे को समझते हुए, उस रिश्ते से उतनी ही उम्मीद रखें। लेकिन यदि आपके लिए संभव हो, तो हर रिश्ते, समाज और दुनिया के प्रति जहाँ तक आप उम्मीद पूरी कर सकते हैं, कीजिए – क्योंकि न हर रिश्ता खराब होता है, न हर व्यक्ति।

और हर किसी पर आँख बंद करके तुरंत भरोसा भी मत कीजिए, क्योंकि न हर रिश्ता अच्छा होता है, न हर व्यक्ति। जीवन में केवल माता-पिता और ईश्वर ही आपके हित की सोचते और उसे चाहते हैं। इनके अलावा दुनिया के जितने भी रिश्ते हैं, वे माया में जकड़े हुए हैं। उनसे हित की अपेक्षा न रखें; परिस्थिति बदलते ही उनका दृष्टिकोण भी बदल जाता है। आप, मैं या कोई भी सांसारिक जीवन में परिपूर्ण नहीं है। सबकी अपनी-अपनी मानसिकता, नीयत, ज्ञान, अपेक्षाएँ और परिस्थितियाँ होती हैं। लेकिन बुद्धि सबके पास है, फिर भी मनुष्य अपने कृत्यों को न स्वीकारता है, न बदलता है और न ही प्रयास करता है।

हम मनुष्यों की सबसे बड़ी समस्या यह है कि हम सुखी जीवनकाल का उत्तरदायी स्वयं को मानते हैं, लेकिन दुखी जीवनकाल का उत्तरदायी ईश्वर और दूसरों को ठहराते हैं – और यहीं से हमारा पतन आरंभ हो जाता है।

आपने जीवन में मेहनत की, सफल हुए और आज सुखी हैं – तो वह आपकी ही वजह से है। किन्तु यदि आपने मेहनत नहीं की, अच्छे कर्म नहीं किए और दुखी हैं, तो उसका उत्तरदायी दूसरा कैसे हो सकता है?

हाँ, व्यक्तिगत जीवन में कोई आपको बेवजह थोड़ा परेशान कर सकता है, तो उसके अपराध और कर्म की सज़ा ईश्वर एवं समय अवश्य देंगे। यही विधान मुझ पर और इस पूरी दुनिया पर समान रूप से लागू होता है। इस पुस्तक में मैंने जो विचार रखे, तर्क और उदाहरण प्रस्तुत किए, किसी का पक्ष रखा, किसी का विपक्ष रखा–यदि उससे किसी की भी भावनाएँ या मन आहत हुआ हो, तो मैं उनसे क्षमा माँगता हूँ, क्योंकि मैंने अपने जीवनकाल में जितना सीखा है, वही विचार रखे हैं। यह आवश्यक नहीं कि वे सदैव सही हों या सदैव गलत। क्योंकि मैं, आप या कोई भी–हर किसी के लिए न हमेशा सही हो सकते हैं और न हमेशा गलत।

वैसे तो हम मनुष्यों की दृष्टि में शून्य की कोई वैल्यू नहीं होती, किन्तु यही शून्य जब किसी संख्या के पीछे लग जाता है, तो उसकी वैल्यू लगातार बढ़ाता जाता है। इसी प्रकार हमारे लिए भी शून्यता बहुत आवश्यक है। हमारा शून्य रहना–अर्थात् मौन रहना–काफ़ी कठिन है। ठीक इसी तरह, यदि आप भी बिल्कुल शून्य होकर–न सुखी मन से, न दुखी मन से, न लाभ से, न हानि से, न प्रसन्नता में, न क्रोध में–पूर्णत: सामान्य अवस्था में, अपनी **ओरिजिनल इंटेलिजेंस** से इस पुस्तक की बातों को समझेंगे और उन्हें अपने जीवन में अपनाएँगे, तो जीवन में कठिनाइयाँ अवश्य आएँगी, परंतु आपका जीवन आसान हो जाएगा।

दो लाइनें हमेशा याद रखें–

"जीवन से शिकायतें करना बहुत आसान है,
पर स्वयं को बदलना बहुत मुश्किल।"

26

जीवन का गणित

मेहनत + अनुशासन + त्याग = सफलता

रिश्ते – निजी स्वार्थ = सुखी परिवार

(ईश्वर + प्रार्थना) × धन्यवाद = आंतरिक सुख

धन + ज्ञान + विनम्रता = आदर्श मनुष्य

क्रोध + अहंकार = विनाश

असफलता + अनुभव = मजबूत व्यक्तित्व

दुःख / ईश्वर का भरोसा = आत्मविश्वास

सुख / धन्यवाद = ईश्वर का आशीर्वाद

काम + क्रोध + लोभ + मोह + माया = सर्वनाश

मौन + आत्मचिंतन = शांतिपूर्ण जीवन

27

पहाड़े

ईश्वर का पहाड़ा

ईश्वर × 1 = अस्तित्व

ईश्वर × 2 = ब्रह्माण्ड

ईश्वर × 3 = विश्वास

ईश्वर × 4 = शरण

ईश्वर × 5 = ज्ञान

ईश्वर × 6 = शक्तियां

ईश्वर × 7 = माया

ईश्वर × 8 = परीक्षा

ईश्वर × 9 = भाग्य

ईश्वर × 10 = महाकाल

जीवन का पहाड़ा

जीवन × 1 = रिश्ते

जीवन × 2 = अपेक्षाएं

जीवन × 3 = समाज

जीवन × 4 = चार लोग

जीवन × 5 = कर्म

जीवन × 6 = सुख-दुःख

जीवन × 7 = धर्म-अधर्म

जीवन × 8 = अनुभव

जीवन × 9 = हृदय परिवर्तन

जीवन × 10 = समर्पण

मनुष्य का पहाड़ा

मनुष्य × 1 = जन्म

मनुष्य × 2 = परिवार

मनुष्य × 3 = शिक्षा

मनुष्य × 4 = परिश्रम

मनुष्य × 5 = विवाह

मनुष्य × 6 = जिम्मेदारियां

मनुष्य × 7 = भागदौड़

मनुष्य × 8 = सेवानिवृत्ति

मनुष्य × 9 = बीमारियाँ

मनुष्य × 10 = मृत्यु

28

सुविचार

अंत में, सभी मनुष्यों के लिए कुछ सुविचार लिख रहा हूँ। इन्हें आप विचार, प्रवचन, वचन, कड़वे वचन, सुविचार या कुविचार–जो भी समझें–मान सकते हैं।

इनमें से कई विचार सत्य जीवन से प्रेरित हैं, जो किसी को अच्छे भी लग सकते हैं और किसी को बुरे भी। यह आपके विवेक पर निर्भर करता है कि आप इन्हें किस प्रकार लेते हैं, समझते हैं, या इनसे सीख लेकर स्वयं में बदलाव लाते हैं।

शराब पीना स्वास्थ्य के लिए हानिकारक है,
शराब बेचना राजस्व के लिए लाभदायक है।

जानवरों को संरक्षित कीजिए,
ऐसा न हो कि वे कहानियों और कविताओं में ही रह जाएँ।

मोबाइल कम चलाया करें,
इससे बैटरी ज़्यादा चलेगी 'आपकी'।

श्रीकृष्ण बनिए, जिनके मुँह में सारा ब्रह्माण्ड दिखाई दे,
ऐसे नहीं कि मुँह खोलते ही गुटखा भरा हो।

जीवन में ऐसा व्यवहार करें,
जिसकी आशा आप स्वयं दूसरों से करते हैं।

आवश्यकता ही आविष्कार की जननी है,
अतिसुविधा ही विनाश की जननी है।

हालात बदलने के लिए मेहनत कीजिए,
पंछी भी अपना घोंसला खुद बनाते हैं।

स्वयं से संघर्ष कीजिए,
दुनिया से संघर्ष करना सीख जायेंगे।

पाप करना बहुत आसान है,
पुण्य करने के लिए साफ दिल चाहिए।

असली हीरो देश के सैनिक हैं,
फिल्मी हीरो तो बॉडी डबल का इस्तेमाल करते हैं।

दुख देकर भूलिए मत,
समय याद रखेगा।

सुख देकर भूल जाइये,
समय नहीं भूलेगा।

वस्त्रों की मर्यादा अब समाप्त हो चुकी है,
केवल फेफड़े, किडनी और लीवर ही मनुष्य के प्राइवेट पार्ट बचे हैं।

कर्म हमें सब कुछ सिखाता है,
मनुष्य में केवल सीखने की ललक होनी चाहिए।

जीवन में अपना किरदार अच्छा बनाइए,
कहानी अपने आप बेहतर हो जाएगी।

जैसे बिना इंटरनेट के स्मार्टफ़ोन व्यर्थ है,
वैसे बिना ईश्वर के जीवन व्यर्थ है।

अंदर से मजबूत बनिए, बाहर से नहीं,
पेड़ तभी टिकता है जब उसकी जड़ें मजबूत हों।

अपना नेटवर्क सुधारिए,
जीवन में पोर्टेबिलिटी की सुविधा नहीं होती।

जीवन में व्यवस्थित बनिए,
बेहतर जीवन की व्यवस्था स्वयं हो जाएगी।

अपमान करना बंद कीजिए,
सम्मान स्वतः मिलने लग जाएगा।

कथनी और करनी में समानता रखिए,
दुनिया का भरोसा जीत जाएंगे।

पढ़ने में मन लगाइए,
मजदूरी में बहुत मेहनत लगती है।

जीवन में अपनी उपस्थिति ऐसी मत बनाइए
कि लोग आपको देखकर अपना रास्ता बदल दें।

स्वयं को वश में रखना सीखिए,
कोई अन्य आपको विवश नहीं कर पाएगा।

कुछ खोजना है तो गूगल कीजिए,
स्वयं को खोजना है तो भगवद्गीता पढ़िए।

शिक्षा प्राप्ति का लालच रखिए,
सफलता आपका परिचय स्वयं देगी।

कुकर्मों का ऋण उतना ही लीजिए,
जितना चुकाने की हिम्मत हो।

पारिवारिक ख़र्चे तो यूँ ही बदनाम हैं,
असली ख़र्चा तो बीयर, बार और ब्यूटी पार्लर में होता है।

हर पुरुष को टर्म लाइफ इंश्योरेंस लेना चाहिए,
क्योंकि जिंदा हाथी लाख का होता है, लेकिन मरा हाथी सवा लाख का।

ख़र्च करना बहुत आसान है,
जब तक खुद कमाने न लग जाओ।

दूसरों को दोष देना बहुत आसान है,
स्वयं में दोष खोजना भी बहुत मुश्किल है।

काम, क्रोध, लोभ, मोह, माया,
यही रह गया है मानव जीवन का सरमाया।

देश का आयकरदाता भी बड़ा भोला है,
मुफ़्त की रेवड़ियाँ खुद बाँटता है और नाम नेताओं का होता है।

अपने शरीर का वजन कम करें,
और अपनी बातों का वजन बढ़ाएँ।

इंसान को हर वस्तु की गारंटी चाहिए,
जबकि उसकी खुद की कोई भी गारंटी नहीं।

आँखों पे बँधी पट्टी चलेगी,
पर दिमाग़ पे बँधी पट्टी नहीं चलेगी।

जीवन में गिरना आवश्यक है,
वरना उठना नहीं सीख पाएंगे।

जीवन में गणित का बहुत महत्व है,
सुखों को + करें, दुःखों को – करें, पैसों को × करें, गलतियों को ÷ करें।

जब-जब सरकारें क़र्ज़ लेती हैं,
तब-तब जनता क़र्ज़ चुकाती है।

सीढ़ियाँ चढ़ना सबको मुश्किल लगता है, इसलिए ईश्वर ने स्वर्ग ऊपर बनाया।
सीढ़ियाँ उतरना सबको आसान लगता है, इसलिए ईश्वर ने नर्क नीचे बनाया।
यदि इन शब्दों का आशय आप समझ गए, तो आधा जीवन समझ गए।

एक परिवार द्वारा प्रतिदिन फेंकी गई एक रोटी,
एक वर्ष में दस किलो आटा बचा सकती है – निर्णय स्वयं लें।

हैसियत का अनुमान लोगों को देखकर न लगाएँ।,
अक्सर महलों में रहने वाले बिना आयकर चुकाए मुफ़्त की रेवड़ियाँ लेते हैं।

जीवन में यदि VIP बनना है,
तो पहले अपने प्रोटोकॉल बनाएं।

जीवन में लड़ना बहुत ज़रूरी है,
लेकिन स्वयं की बुराइयों से, दुनिया से नहीं।

अपने पाप और पुण्य की लिस्ट बनाएं और रोज़ स्वयं को दिखाएँ,
जीवन भर दूसरों को आइना दिखाने की आवश्यकता नहीं होगी।

जीवन में विनम्रता का काँटा हमेशा बारह पर रहता है,
और अहंकार का काँटा हमेशा छह पर,
दोनों के बीच में निरंतर घूमता हुआ काँटा ही जीवन है।

जीवन में परेशानियों का भी अपना ही आनंद है,
वो परेशान तो करती हैं, लेकिन मज़बूत बनना भी वही सिखाती हैं।

सोशल मीडिया के नाम में ही सोशल है,
इसलिए अपने जीवन की हर निजता को सोशल करना बंद करें।

किताबों से मित्रता कीजिए,
यह आपके अंदर के शत्रुओं को ख़त्म कर देंगी।

रिश्तों को शिफ्ट करने से अच्छा है,
मकान शिफ्ट कर लो, संबंधों में मधुरता तो बनी रहेगी।

जीवन में किसी भी आदत की इतनी अति न करें,
कि हर बुरी स्थिति-परिस्थिति से स्वयं को निकाल न पाएं।

त्रुटि होने पर अभिभावक एवं शिक्षक की मार प्रसन्नता से खा लें,
अन्यथा बड़े होकर पुलिस की मार सह नहीं पाएंगे।

पूजा या इबादत करना बहुत आसान है,
किंतु कर्म का पालन करना बहुत मुश्किल।

कान तो यूँ ही बदनाम हैं, लोग ग़लत सुनते उनसे हैं,
और भरते दिमाग़ में हैं, और कहते हैं, उसने मेरे कान भरे थे।

जब कोई ग़लत व्यक्ति आपकी बात नहीं समझे,
तो खुद को समझा लें कि उसे अब और नहीं समझाना।

उज्जवल भविष्य सबको चाहिए,
लेकिन उसके निर्माण का प्रयास हर कोई नहीं करता।

जीवन में वही व्यक्ति मस्त है
जो केवल अपने काम में व्यस्त है।

शादी समंदर में तैरती कश्ती की तरह है,
रहना भी उसी समंदर में है और झेलना भी उसी की लहरों को है।

जीवन में कुछ नहीं करने वाले काफ़ी अकेले होते हैं,
लेकिन हमेशा कुछ करने वाले अकेले ही काफ़ी होते हैं।

काश जानवरों को भी वोट देने का अधिकार होता,
तो नेता उनके हक के लिए उनके वोट बैंक की भी राजनीति करते।

मनुष्यों पृथ्वी का असीमित दोहन कीजिए
और बढ़ते तापमान को मुफ़्त में पाइए।

विकास के नाम पर जानवरों का जंगल छीनिए
और प्राकृतिक आपदाओं को मुफ़्त में पाइए।

अपने मन में श्रद्धाभाव शबरी जैसा रखिए,
भगवान स्वयं आपसे मिलने आएंगे।

जीवन में अपने परिवार की ज़िम्मेदारी उठाना सीखिए,
सिर्फ़ 'माय लाइफ़' कहने से जीवन नहीं चलता।

पृथ्वी का कार्बन उत्सर्जन कम करना हो
तो मशीनरी का उपयोग करना कम करें।

बढ़ती महंगाई, कम होते संसाधन, गर्म पृथ्वी, बढ़ता प्रदूषण,
सबका एक ही है सोल्यूशन – जनसंख्या नियंत्रण।

भविष्य बनाना हो तो वर्तमान सुधारिए,
वर्तमान सुधारना हो तो भूतकाल से सीखिए।

सपनों को सच करने के लिए प्रयास करना पड़ता है,
नींद में देखे हुए सपने कभी सच नहीं होते।

रील और रियल लाइफ़ में बहुत अंतर होता है,
इसलिए तो आईपीएल के समय बड़ा अभिनेता भी अपनी फिल्म रिलीज़ नहीं करता।

जीवन में हमेशा अपनी औकात बढ़ाइए,
क्योंकि जब सुपर पावर देश छींकता भी है तो सारे विश्व के शेयर बाज़ार गिर जाते हैं।

जीवन में अच्छी परिस्थिति हो तो सरकार टैक्स ले लेती है,
और बुरी परिस्थिति में सरकार कोई मदद नहीं करती।
इससे यह सिद्ध होता है कि अच्छी परिस्थिति में हर कोई अपना है,
और बुरी परिस्थिति में हर कोई पराया।

पौधों को पानी उतना ही दीजिए जितनी ज़रूरत हो,
किसी रिश्ते में दायरा उतना ही रखिए जितनी ज़रूरत हो।

यदि इंसान दूसरों को छोड़कर स्वयं पर ऊँगली उठाना शुरू कर दे,
तो सारा संसार सुधर जाए।

मन में खोट और जाली नोट
ज़्यादा दिन नहीं चलते।

आपके कर्म आपकी परछाई हैं,
जैसा भी करेंगे पीछा नहीं छूटेगा।

किसी भी बुरी परिस्थिति को हमेशा शांति से हल कीजिए
क्योंकि ताला हमेशा चाबी से खुलता है, हथौड़े से नहीं।

जीवन में इतने मूर्ख भी न बनें कि हर कोई आपका फ़ायदा उठा ले,
और इतने होशियार भी न बनें कि आप सबका फ़ायदा उठा लें।

अधर्म करना बंद कर दीजिए,
धर्म की स्थापना स्वयं हो जाएगी।

मनुष्य का असली शत्रु उसका मन है
और उसका असली मित्र उसकी मृत्यु है।

जीवन में किसी की कही हर बात नहीं मान लेना चाहिए,
यदि बात माननी भी हो तो पहले यह देखिए कि जो कह रहा है वह खुद कितना भरोसेमंद इंसान है।

ट्रेन की तत्काल टिकट और अकाल मृत्यु
हमेशा महँगी पड़ती है।

जीवन में ईमानदार होना भी आसान नहीं है,
कई लोगों की साजिशें झेलनी पड़ती हैं।

भविष्यफल देखने से फल नहीं मिलता,
कर्म करने से कर्मफल अवश्य मिलता है।

जीवन में स्वयं से प्रश्न करना सीखिए,
अपनी समस्याओं के उत्तर स्वयं ही मिल जाएंगे।

संसार में किसी से व्यवहार ठीक न हो चलेगा,
किन्तु नीयत नेक न हो तो कभी नहीं चलेगा।

जो मनुष्य अपने जीवन से निराश हैं,
वे एक बार 'निक वुजिट्सिक' को सुनें।

समय का सदैव पालन व सम्मान कीजिए।
समय की घड़ी बंद होने पर भी समय नहीं रुकता।

स्वयं को पहचानना सबसे आसान काम है
क्योंकि इंसान अंधेरे में भी स्वयं को कभी नहीं खोता।

जीवन में हमेशा स्वयं को खोजिए,
'मैं' को खोजेंगे तो अहंकार ही मिलेगा।

जीवन में यदि उन्नति करनी है तो सुमति को पकड़िए,
और यदि अवनति को रोकना है तो कुमति को छोड़िए।

हर कठिन परिस्थिति में मन को शून्य रखिए, आप कभी पराजित नहीं होंगे क्योंकि कोई भी संख्या शून्य से विभाजित नहीं होती।

कल पर टालने वाले सदैव याद रखें, कल या तो बीता हुआ होता है या आने वाला, इसलिए सारे काम आज से ही शुरू करें।

दूसरों को धोखा देना बहुत मुश्किल है, किन्तु खुद को धोखा देना बहुत आसान है। चाहे तो स्वयं के मन को टटोल लें।

*एक माता-पिता को यदि अपना परिवार चलाना है
तो उन्हें थकने और टालने की अनुमति नहीं है।*

*मनुष्य को जीवन में आपसी संवाद को "एंड-टू-एंड एन्क्रिप्शन" रखना चाहिए,
इधर-उधर करने वाले हमेशा सबको दुःखी करते हैं।*

*दूसरों के जीवन से तुलना करना बंद कीजिए,
सबकी परिस्थिति और मनोस्थिति में बहुत अंतर होता है।*

*30 वर्ष की आयु तो जीवन का ट्रेलर है,
असली फ़िल्म तो उसके बाद शुरू होती है।*

*30 वर्ष की आयु तक लगता है माता-पिता हमेशा ग़लत होते हैं,
40 वर्ष की आयु आते-आते लगता है माता-पिता हमेशा सही थे।*

*अपनी भावनाओं को नियंत्रण में रखना सीखिए,
दुनिया में फ़ायदा उठाने वालों की कमी नहीं है।*

*"कल से करेंगे" कहने वाले कभी कुछ नहीं करते,
"कल कर दिया था" कहने वाले सब कुछ कर सकते हैं।*

*हर समय ऑनलाइन रहना बंद कीजिए,
रिश्ते हमेशा ऑफ़लाइन निभाए जाते हैं।*

*जीवन में हर कर्म सोच-समझकर कीजिए,
आपके सारे कर्मों का डेटा ईश्वर के पास है।*

*सोशल मीडिया पर किसी को फ़ॉलो करें न करें,
लेकिन ग्रंथों में लिखी बातों को ज़रूर फ़ॉलो करें।*

रोज़ भगवान के दर्शन करने से बुद्धि शुद्ध नहीं होती,
उनके कथनों का अनुसरण करने से होती है।

पराया धन और चोर मन
कभी सुख नहीं देते।

तन से नहीं, मन से सुंदर बनिए क्योंकि समुद्र का पानी भले ही खारा हो,
किन्तु प्राकृतिक भंडार उसी में मिलते हैं।

अपने जीवन को हमेशा पासवर्ड-प्रोटेक्टेड रखिए
ताकि कोई दूसरा उसमें दखल न दे।

अपनी भावनाओं को हमेशा नियंत्रण में रखिए,
इसका मोल केवल आप समझ सकते हैं, कोई और नहीं।

आप अपने लिए कितनी भी योजनाएँ बना लें,
ईश्वर द्वारा आपके लिए बनाई गई योजना ही सर्वश्रेष्ठ होती है।

यदि जीवन में आप ग़लत हैं तो सही बनिए,
और यदि सही हैं तो सही बने रहिए।

जीवन में एडजस्ट और एक्सेप्ट करना सीखिए।
हर कोई आपकी बात या स्वभाव नहीं समझ सकता, न ही आप दूसरों का।

जीवन के चक्रव्यूह को यदि भेदना है
तो कैसी भी स्थिति या परिस्थिति हो, बस डटे रहिए।

दुनिया में शायद ही कोई ऐसा जीव हो, जिसका जीवन जन्म से पहले ही ख़तरे में न पड़ा हो। कहीं किसी की भ्रूण हत्या कर दी जाती है, तो कहीं किसी का अंडा उबालकर खा लिया जाता है।

जीवन में यदि सुख चाहते हो तो अच्छे कर्मों से दोस्ती कीजिए,
और यदि दुःख चाहते हो तो बुरे कर्मों से दोस्ती कीजिए।

किसी मनुष्य को केवल एक सीमा तक ही समझाया जा सकता है।
मार्गदर्शन तो श्रीकृष्ण ने भी दिया था, किन्तु महाभारत तो होना ही था।

दहेज़ लेना और देना क़ानूनन अपराध है,
किन्तु मुआवज़ा माँगना क़ानूनन अधिकार है।

किसी इंसान के लिए कितना भी प्रयास कर लें, आप उसे खुश नहीं कर सकते। अच्छे कर्म जितने भी करें, ईश्वर प्रसन्न ही होंगे।

ये जीवन बड़ा रुष्ट है – कोई संपन्न परिवार की माता घर में खाना बनाने को तैयार नहीं है, और कोई अपना घर चलाने के लिए टिफ़िन सेंटर भी चलाती है।

ये जीवन बड़ा रुष्ट है – कोई संपन्न पिता निजी भोग-विलास में व्यस्त है,
और कोई अपनी इच्छाएँ त्यागकर भी परिवार का भरण-पोषण करता है।

जीवन में यदि जल्दी पैसे गँवाने हों तो शेयर मार्केट टिप देने वालों को फ़ॉलो करो,
और आराम से पैसे कमाना चाहते हो तो वॉरेन बफ़े को फ़ॉलो करो।

आजकल किसी भी रिश्ते का स्वभाव परमानेंट नहीं है,
हालात ख़राब होते ही रिश्ते के भाव बदल जाते हैं।

दो वक़्त की रोटी कमाने वाले ने अपनी तकलीफ़ें किसी को नहीं बताईं,
और दो वक़्त की रोटी बनाने वाली ने खुद को घर की नौकरानी समझकर रखा है।

लगभग हर इंसान स्वयं से केवल अपनी पसंद और अपने मतलब की बातें करता है। खुद में बुराइयाँ और कमियाँ ढूँढने के लिए बहुत आत्मबल चाहिए।

मनुष्य की रचना केवल इतनी है कि एक देश दूसरे से लड़ने के लिए परमाणु बम बनाता है, और ईश्वर की रचना ऐसी है कि एक उल्कापिंड भी एक या कई ग्रहों को एक साथ नष्ट कर सकता है।

हर प्रसिद्ध फ़िल्मी अभिनेता फ़िल्मों में गुमनाम भारतीय ख़ुफ़िया एजेंट बनता है, लेकिन असल जीवन में देश पर हमला होने पर उससे खंडन का एक ट्वीट तक नहीं लिखा जाता।

स्वयं भगवान राम के घर में सब कुछ होते हुए कलह हो गया,
तो आप क्या समझते हैं – आपके जीवन में कभी कुछ नहीं होगा?

आपकी सफलता में ही सब आपके साथ होते हैं, यदि यक़ीन न हो, तो फ़ेल होकर देख लीजिए।
इसलिए जीवन में सफलता पाने के लिए जी-तोड़ मेहनत कीजिए, यदि फ़ेल भी हुए, तो अनुभव ज़रूर मिलेगा।